15-Minuten-Single-Küche

AUTORIN: IRA KÖNIG | FOTOGRAFIN: MAIKE JESSEN

Praxistipps

4 Grundausstattung: Was man in der Single-Küche so an Töpfen und Arbeitsgeräten braucht
5 Grundvorrat – damit Einkaufsmuffel nicht so oft los müssen
6 Schnelle Snacks für unterwegs
64 Getränketipps fürs Gäste-Menü

Umschlagklappe hinten:
Vier besondere Menüs für liebe Gäste
Küchentricks & Pannenhilfe

Extra

Umschlagklappe vorne:
Die 10 GU-Erfolgstipps – mit Gelinggarantie für die schnelle Single-Küche

60 Register
62 Impressum

Rezepte

8 Gemüse
- 9 Gemüsepfanne mit Couscous
- 10 Gemüse in Erdnuss-Kokos-Sauce
- 11 Schmortomaten
- 11 Baguette mit Bratkäse
- 12 Gemüsesalat mit Ei
- 12 Lauwarmer Spargelsalat
- 14 Omelett mit Rucola und Parmesan
- 16 Orientalischer Spinat
- 17 Bohnensuppe
- 17 Möhren-Tomaten-Suppe

18 Nudeln
- 19 Rucolanudeln mit Chilibröseln
- 20 Schinkennudeln
- 20 Farfalle mit Käsesauce
- 22 Tomatensauce mit Hackfleisch
- 24 Nudelsuppe mit Hähnchen und Eierflocken
- 25 Tortelli mit Pilzsauce | Spätzlesalat
- 26 Gebratene Tofunudeln
- 26 Spaghetti mit roten Linsen

28 Fisch
- 29 Fisch im Speckmantel
- 30 Bohnensalat mit Flusskrebsen
- 31 Fischstäbchen-Burger | Thunfisch-Sandwich
- 32 Orangen-Wein-Sauce mit Safran
- 34 Gebratener Thunfisch mit Ananas
- 35 Fischeintopf mit Reis
- 36 Knoblauchgarnelen | Fischnuggets

38 Fleisch & Geflügel
- 39 Gefüllte Schnitzel
- 40 Rinderfilettoast
- 40 Lammkoteletts mit Salsa
- 41 Salami-Toast-Pizzen
- 41 Spinatsalat mit Leber
- 42 Brotsalat mit Hacksteak
- 42 Bratwürste mit Senfsauce
- 44 Kasseler mit Sahnebohnen und Gnocchi
- 45 Minutensteaks in Paprikasauce zu Polenta
- 46 Steak mit Mandel-Gremolata in Weinsauce
- 46 Asiatischer Wurstsalat
- 48 Chili con Pute
- 49 Würstchen-Gulasch
- 49 Schweinefilet »Stroganoff«
- 50 Schnitzel mit Zitronensauce
- 52 Knödelpfanne mit Spitzkohl und Leberkäse
- 52 Currypute mit Äpfeln

54 Süße Hauptgerichte
- 55 Süße Gnocchi mit Orangen-Erdbeeren
- 56 Grießbrei mit Zimtzucker
- 58 Arme Ritter mit Kirschkompott
- 59 Couscous mit Obst | Milchreis mit Backobst

KÜCHENAUSSTATTUNG

Was man in der Single-Küche braucht

Qualitativ hochwertige und praktische Küchenutensilien erleichtern das Kochen sehr! Viele Leute ärgern sich mit stumpfen Messern, alten Töpfen und mancherlei unpraktischem und überflüssigem Küchengerät herum. Dabei ist es ganz einfach! Für die Rezepte in diesem Buch brauchen Sie:

Rund um den Herd

Zum Kochen und Dünsten von Nudeln, Reis, Gemüse etc. reichen je 1 kleiner und 1 mittelgroßer **Topf mit Deckel** (ca. 2 l und 3–4 l) mit schwerem Boden, Griffen, die sich nicht erhitzen und fest sitzendem Deckel. Zum Braten, Dünsten und Schmoren von Fleisch, Fisch und Gemüse braucht man 2 mittelgroße **Pfannen** (26–28 cm Ø; 1 davon beschichtet). Außerdem 1 **flexiblen Deckel** (sitzt auf jedem Topf und jeder Pfanne) und 1 **Spritzschutz** (das feine Metallgeflecht hält unangenehme Fettspritzer in der Pfanne und schützt Speisen beim Abkühlen).

Zum Vermengen und Messen

Hierfür sind bruchfeste **Schüsseln** in verschiedenen Größen hilfreich. Außerdem zum genauen Abmessen von Flüssigkeiten 1 hitzestabiler **Messbecher**. Eine digitale **Küchenwaage** wiegt auch kleine Portionen sehr genau.

Rund ums Schneiden und Schälen

Benutzen Sie 2 **Küchenbretter** für verschiedene Zwecke (1 davon aus Kunststoff für Knoblauch und Zwiebeln); 1 **Kochmesser** (ideal zum Zerteilen, Kräuterhacken und Fleischwürfeln); 1 **Küchenmesser** (Miniaturausgabe des Kochmessers, gut zum Schälen und Putzen von Obst und Gemüse, prima zum Hacken von Chili, Knoblauch und Ingwer); 1 **Brotmesser** (die Klinge mit Wellenschliff ist ideal für harte Krusten oder Schalen); 1 **Sparschäler** – der kleine Helfer ist unersetzlich, wenn es um das Schälen von Obst und Gemüse geht. Außerdem hobelt er gleichmäßige dünne Scheiben von Zucchini, Möhre und Co.

Rund ums Kochen und Hantieren

Kochlöffel und **Schneebesen** sind gut zum klümpchenfreien Zubereiten von Saucen und sämigen Vinaigrettes, **Holz-** oder **Kunststoffwender** zum kratzfreien Hantieren auf beschichteten Oberflächen; 1 **Nudelsieb** ist ein Muss z. B. zum Abgießen von gekochten Nudeln, Gemüse und zum Waschen von Gemüse und Salat; 1 **feines Sieb** eignet sich ideal zum Waschen von kleinen Mengen an Kräutern, Beeren etc.

Zum Aufbewahren und Einfrieren

Käse, Wurst sowie Obst-, Gemüse- und andere Essensreste gehören in den Kühlschrank. Am besten packt man sie in **verschließbare Kunststoffdosen.** Von ihnen braucht man einige in verschiedenen Größen (am besten gefriergeeignet).

Wiederverwendbare **Gefrierbeutel mit Zippverschluss** eignen sich prima zum Einfrieren. Durch den Verschluss lassen sie sich relativ luftdicht verschließen. Kleine Vorräte wie Toast, Brötchen, Fisch, Fleisch, Wurst und Hartkäse kann man gut in Gefrierbeutel oder -dosen packen. Damit man später einzelne Stücke oder Scheiben einzeln entnehmen kann, sollte man sie mit einem Stück Butterbrotpapier voneinander trennen und dann einfrieren.

Beilagen | Konserven, Eingemachtes | Gewürze, Würzmittel, Saucen

Vorräte – Einkaufsmuffel denken voraus

Vorräte sind auch für einen Singlehaushalt praktisch! Schon mit einer kleinen Menge an Nudeln, Reis, Konserven und getrockneten Gewürzen im Vorratsschrank und Tiefkühlprodukten im Gefrierfach kann man sich zeitaufwendige Einkäufe ersparen. Für die Rezepte in diesem Buch brauchen Sie:

Beilagen
Instant-Couscous, Nudeln mit einer Garzeit bis 5 Min. (z. B. Mini-Penne oder -Farfalle und Spaghetti), Gabelspaghetti, asiatische Weizennudeln, Expressreis, 8-Minuten-Reis, Reisflocken, Polenta (feiner Maisgrieß)

Konserven, Eingemachtes
Thunfisch, Gewürzgurken (Glas), Dosenmais, Dosengemüse »Mexiko-Mix«, Kirschen (Glas); alles in kleinen Packungen. Kokosmilch gibt es im Asienladen in ganz kleinen Tetrapaks (125 ml).

Gewürze, Würzmittel, Saucen
Sojasauce, süßsaure Asiasauce, Ketchup, Senf, Meerrettich (Glas), Currypulver, getrocknete Kräuter (Thymian, Majoran, Oregano, ital. Kräuter), Kreuzkümmel, Cayennepfeffer, edelsüßes Paprikapulver, Zimt, Röstzwiebeln

Aus der Tiefkühltruhe
Fischstäbchen, Erbsen, grüne Bohnen, Prinzessbohnen, Kräuter, Spinat

Kartoffeln
Vielleicht fragen Sie sich, warum in diesem Buch keine Kartoffeln verwendet werden. Kartoffeln widersetzen sich durch ihre durchschnittliche Kochzeit von 20–25 Min. der 15-Minuten-Idee dieses Buches. Die einzige Möglichkeit, der Kartoffel zeitmäßig beizukommen, ist folgende: Erhitzen Sie 2 EL Öl in einer Pfanne, dann auf schwache Hitze schalten. Inzwischen 2 große Kartoffeln (ca. 250 g) schälen, waschen und trocken tupfen. Erst in ½ cm dicke Scheiben, dann in kleine Würfel schneiden. Kartoffelwürfel unter gelegentlichem Wenden im heißen Öl in 10 Min. gar braten. Mit Salz und Pfeffer würzen. Dazu schmecken Salat, Kräuterquark, Matjes oder Spiegelei.

Schnelle Snacks

Pesto-Salami-Sandwich

3 Scheiben Sandwichtoast leicht toasten. ¼ Knolle Fenchel waschen und längs in feine Scheiben hobeln oder schneiden. Toastscheiben mit 2 EL Pesto (Glas) bestreichen. 2 bestrichene Scheiben mit 1–2 EL frisch geriebenem Parmesan bestreuen und mit je 2 Salamischeiben und dem Fenchel belegen. Belegte Toastscheiben übereinandersetzen. 3. Scheibe mit der bestrichenen Seite nach unten darauflegen, andrücken. Sandwich halbieren oder vierteln.

Brokkolisalat

2 EL Öl erhitzen. ½ rote Chilischote waschen, entkernen und in dünne Ringe schneiden. 1 Knoblauchzehe schälen, in dünne Scheiben schneiden. 2 EL Mandelblättchen, Chili und Knoblauch im heißen Öl anrösten. 500 g Brokkoli putzen, waschen und in kleine Röschen teilen. Mandeln aus dem Topf nehmen. Brokkoli und 125 ml Brühe hineingeben. Aufkochen und zugedeckt 5 Min. garen. Brokkoli abkühlen lassen. Mit Salz und 2 EL Zitronensaft abschmecken. Mandeln und 20 g gehobelten Parmesan unterheben. Dazu schmeckt Baguette.

Eierhäckerle

2 Eier in kaltes Wasser geben, aufkochen und 8 Min. kochen. Inzwischen 1 Frühlingszwiebel putzen, waschen und in dünne Ringe schneiden. 2 EL Vollmilchjoghurt und 1 EL Mayonnaise verrühren und mit Salz, 1 Prise Zucker und ½ TL Currypulver würzen. Eier abgießen und in kaltem Wasser kurz abkühlen lassen. Eier schälen, hacken und mit Currymayonnaise und Frühlingszwiebeln vermengen. Dazu schmeckt eine Laugenbrezel.

Vegetarischer Burger

100 g Nuss-Mandel-Tofu in Scheiben schneiden. 1 Baguettebrötchen quer halbieren. Untere Hälfte mit 1 TL Sweet-Chilisauce, die obere Hälfte mit 1 TL Schmand bestreichen. 1 kleine Bio-Gurke waschen und halbieren, eine Hälfte in dünne Scheiben schneiden. Untere Brötchenhälfte mit Gurke und Tofu belegen. Obere Hälfte daraufsetzen. Den Rest Gurke in Stücke schneiden und dazu essen.

Obstquark mit Knuspermüsli

250 g Speisequark (20 % Fett) mit 2 EL Milch, 1 EL Zucker und ½ Päckchen Vanillezucker verrühren. 150 g frische Beeren putzen, eventuell waschen, klein schneiden und unterheben. Vor dem Verzehr 3–4 EL fertiges Knuspermüsli darüberstreuen. Gelingt auch prima mit TK-Beeren aus dem Vorrat.

Grüner Reissalat

100 g Expressreis, 50 g TK-Erbsen und 80 ml Gemüsebrühe aufkochen und 1 Min. köcheln. In einer Schüssel zur Seite stellen. 1 Frühlingszwiebel putzen, waschen und in dünne Ringe schneiden. 2 Stiele Dill waschen, abzupfen und hacken. Alles vermengen und mit Salz und Pfeffer abschmecken, abkühlen lassen. 2 EL gesalzene, geröstete Erdnüsse hacken und darüberstreuen. Dazu schmecken Hackbällchen (Kühlregal).

Pesto-Salami-Sandwich

Vegetarischer Burger

Brokkolisalat

Obstquark mit Knuspermüsli

Eierhäckerle

Grüner Reissalat

Gemüse

Herrlich aromatisch und knackig – so soll Gemüse schmecken! Und gesund soll es auch sein. Alles kein Problem, denn bei diesen Gerichten wird Gemüse nur kurz gegart, so bleiben Geschmack und Vitamine bestens in Form!

Gemüsepfanne mit Couscous

50 g Instant-Couscous | Salz | Pfeffer
1 kleine rote Paprikaschote
1 kleiner Zucchino
1 EL Olivenöl
1 kleine Zwiebel
½ TL getrocknete ital. Kräuter
50 g Schafkäse

Für 1 Person | 15 Min. Zubereitung
Pro Portion ca. 425 kcal, 17 g EW, 21 g F, 42 g KH

1 200 ml Wasser aufkochen. Den Couscous mit 1 Msp. Salz in einer Schüssel vermengen und mit 100 ml Wasser übergießen. Quellen lassen.

2 Gemüse putzen und waschen. Öl in einer Pfanne erhitzen. Paprika in dünne Streifen, Zucchino in dünne Scheiben schneiden. Zwiebel schälen und würfeln. Alles im Öl unter Wenden kräftig anbraten. Mit Salz, Pfeffer und Kräutern würzen. 100 ml Wasser dazugeben, aufkochen und bei mittlerer Hitze 5 Min. kochen.

3 Couscous mit einer Gabel auflockern und unter das Gemüse heben. Gemüsepfanne salzen, pfeffern und anrichten. Schafkäse darüberbröckeln. Dazu schmeckt cremig gerührter Joghurt.

VARIANTE
Statt Schafkäse schmeckt auch geriebener Parmesan oder milder Gouda.

TIPP
Schmeckt auch kalt als Mittagssnack fürs Büro.

ZU ZWEIT?
Die Zutaten einfach verdoppeln.

cremig | aromatisch

Gemüse in Erdnuss-Kokos-Sauce

In Asien ist die schnelle Gemüseküche zu Hause! Im Wok werden die verschiedenen Zutaten nacheinander gar gebraten – da macht schon das Kochen Spass!

10 g frischer Ingwer
1 Knoblauchzehe
½ rote Chilischote
1 kleine rote Paprikaschote
1 EL Öl | Salz
1 TL Erdnusscreme
1 kleine Dose Kokosmilch (165 ml)
100 g Zuckerschoten
½ Packung Expressreis (125 g)
1–2 EL Sojasauce

Für 1 Person | 15 Min. Zubereitung
Pro Portion ca. 665 kcal, 14 g EW, 16 g F, 110 g KH

1 Ingwer und Knoblauch schälen. Chili waschen, putzen, Kerne entfernen. Paprika putzen, waschen und in kleine Stücke schneiden. Öl in einem Wok oder einer Pfanne erhitzen. Ingwer, Knoblauch und Chili fein hacken und im Öl kurz anbraten. Paprika kurz mitbraten. Mit Salz würzen.

2 Erdnusscreme, Kokosmilch und 5 EL Wasser dazugeben. Alles aufkochen. Zuckerschoten waschen, dazugeben und alles bei mittlerer Hitze 3 Min. kochen lassen.

3 Den Expressreis dazugeben und 2–3 Min. mitköcheln. Die Pfanne mit Sojasauce abschmecken und anrichten.

TIPP – TOPPINGS
Das Gemüse mit Röstzwiebeln, gehackten Erdnusskernen, gerösteten Mandeln, Cashewkernen (s. Bild) oder Sesam bestreuen.

Für die typisch asiatische Note: gehacktes Thai-Basilikum oder Koriander über das fertige Gericht geben.

schmeckt nach Sommer
Schmortomaten

2 Frühlingszwiebeln | 1 Knoblauchzehe | 1 kleiner Zweig Rosmarin | 500 g Tomaten | 3 EL Olivenöl 10 schwarze Oliven ohne Stein | Salz | Pfeffer 10 Basilikumblättchen | 2–3 EL Ricotta

Für 1 Person | 15 Min. Zubereitung
Pro Portion ca. 485 kcal, 9 g EW, 41 g F, 20 g KH

1 Frühlingszwiebeln putzen, waschen und bis auf etwas Grün in Ringe schneiden. Knoblauch schälen, würfeln. Rosmarin waschen, trocken tupfen. Tomaten waschen und vierteln, dabei die Stielansätze entfernen.

2 2 EL Öl erhitzen. Knoblauch und Rosmarin kurz darin andünsten. Tomaten und Oliven dazugeben und würzen. Zugedeckt 5 Min. schmoren.

3 Basilikum waschen. Zwiebelgrün hacken. Tomaten abschmecken. Ricotta daraufgeben, mit 1 EL Öl beträufeln. Mit Basilikum und Zwiebelgrün bestreuen. Dazu schmeckt Ciabattabrot.

zum Sattessen
Baguette mit Bratkäse

1 kleiner Zucchino | 125 g Halloumi (Grill- und Backkäse aus Zypern) | 1 Tomate | 2 EL Olivenöl Salz | Pfeffer | 1 großes Baguettebrötchen 1 TL Mayonnaise | ½ TL getrockneter Thymian

Für 1 Person | 15 Min. Zubereitung
Pro Portion ca. 775 kcal, 33 g EW, 57 g F, 34 g KH

1 Zucchino putzen und waschen, längs in ½ cm dicke Scheiben schneiden. Käse in Scheiben schneiden. Tomate waschen, in dünne Scheiben schneiden, dabei den Stielansatz entfernen.

2 1 EL Öl in einer beschichteten Pfanne erhitzen. Zucchino 5 Min. braten, würzen. Das Brötchen längs halbieren. Mit Mayonnaise bestreichen.

3 Zucchino aus der Pfanne nehmen. 1 EL Öl hineingeben. Käse darin pro Seite 1 Min. braten. Mit Thymian würzen. Untere Baguettehälfte mit Zucchino, Käse und Tomaten belegen. Mit Salz und Pfeffer würzen. Obere Hälfte daraufsetzen.

GEMÜSE

knackig-gesund
Gemüsesalat mit Ei

1 Ei (S)
1 kleiner Zucchino | 1 kleine Zwiebel | 1 EL Öl
Salz | Pfeffer | Zucker
2 EL Vollmilchjoghurt
1 TL Salatmayonnaise
½ TL abgeriebene Schale von 1 Bio-Zitrone
1–2 TL Zitronensaft
50 g Blattsalat (z. B. Römersalat)
2 Scheiben Putenbrustaufschnitt (ca. 30 g)
1 EL Sprossen (z. B. Alfalfa)

Für 1 Person | 15 Min. Zubereitung
Pro Portion ca. 300 kcal, 20 g EW, 21 g F, 9 g KH

1 Das Ei in kaltem Wasser aufsetzen, aufkochen und 8–10 Min. kochen. Zucchino putzen, waschen und in dünne Scheiben schneiden. Zwiebel schälen und fein würfeln.

2 Öl in einer Pfanne erhitzen und Zucchino und Zwiebel im heißen Öl 3 Min. unter Wenden darin braten. Mit Salz und Pfeffer würzen. Mit 5–6 EL Wasser ablöschen. Aufkochen und köcheln lassen, bis das Wasser verdampft ist. Das Gemüse vom Herd nehmen.

3 Joghurt mit Mayonnaise, Zitronenschale und -saft verrühren. Mit Salz, Pfeffer und Zucker abschmecken. Den Salat putzen, waschen und in Streifen schneiden. Den Aufschnitt in Stücke schneiden. Zucchini, Salat, Aufschnitt und Joghurtsauce vermengen. Das Ei abgießen, abschrecken, schälen und halbieren. Den Salat mit Sprossen und Ei anrichten. Dazu schmeckt Baguette.

frühlingsfrisch | besonders
Lauwarmer Spargelsalat

1 EL Sonnenblumenkerne
500 g grüner Spargel
2 Frühlingszwiebeln
2 EL Öl
Salz | Pfeffer | Zucker
4–5 Radieschen
125 g Mozzarella
1 EL Zitronensaft
1 TL süßer Senf

Für 1 Person | 15 Min. Zubereitung
Pro Portion ca. 635 kcal, 36 g EW, 46 g F, 18 g KH

1 Sonnenblumenkerne in einer Pfanne ohne Fett rösten. (Achtung, dass sie nicht verbrennen!) Inzwischen Spargelstangen im unteren Drittel schälen, holzige Enden abschneiden. Spargel waschen und in schräge Stücke schneiden. Frühlingszwiebeln putzen, waschen und in Ringe schneiden.

2 Die Kerne aus der Pfanne nehmen, das Öl hineingeben. Spargel und Zwiebeln darin rundherum anbraten, salzen und pfeffern. Mit 3–4 EL Wasser ablöschen und zugedeckt bei mittlerer Hitze 5–6 Min. garen, gelegentlich rühren.

3 Währenddessen Radieschen putzen, waschen und in Scheiben schneiden. Mozzarella abtropfen lassen und würfeln. Zitronensaft mit Senf, Salz, Pfeffer und 1 Prise Zucker in einer Salatschüssel verrühren.

4 Spargel samt Flüssigkeit mit dem Dressing vermengen, kurz abkühlen lassen. Radieschen untermischen und anrichten. Mit Mozzarella und Kernen bestreuen.

GEMÜSE

Klassiker auf italienische Art
Omelett mit Rucola und Parmesan

Hier stellt sich nicht die Frage, ob zuerst das Huhn oder das Ei da war! Vielmehr grübelt man darüber, nach welchem der Omelettes einem heute der Sinn steht!

30 g Rucola
1 große Tomate
20 g schwarze Oliven (ohne Stein)
1 EL Öl
30 g Parmesan am Stück
2 Eier (L) | Salz | Pfeffer
½ TL getrockneter Oregano

Für 1 Person | 15 Min. Zubereitung
Pro Portion ca. 425 kcal, 27 g EW, 33 g F, 5 g KH

1 Den Rucola putzen, waschen und trocken tupfen. Die Tomate waschen und würfeln, dabei den Stielansatz entfernen. Die Oliven in Scheiben schneiden. Das Öl in einer beschichteten Pfanne erhitzen. Den Parmesan reiben.

2 Die Eier verquirlen und mit Salz, Pfeffer und Oregano würzen. Eiermasse in das heiße Öl geben und 3–4 Min. braten. Wenden und 1 Min. weiterbraten. Die Hälfte des Parmesans darauf verteilen. Das Omelett auf einen Teller geben und eine Hälfte mit Tomaten, Oliven und Rucola belegen. Umklappen und mit restlichem Parmesan bestreuen und mit Pfeffer würzen.

VARIANTE – KÄSEOMELETT MIT CHAMPIGNONS

1 TL Butter in einer beschichteten Pfanne erhitzen. 100 g Champignons putzen und in Scheiben schneiden. Im heißen Fett bei mittlerer Hitze unter gelegentlichem Wenden 3–4 Min. braten. 1 kleine Zwiebel schälen und fein würfeln, kurz mitbraten. 2 Eier (L) verquirlen und mit Salz und Pfeffer würzen. Pilze gleichmäßig in der Pfanne verteilen und die Eiermasse vorsichtig darübergeben, 2–3 Min. braten. 50 g geriebenen Emmentaler darauf verteilen und das Omelett zur Hälfte umklappen. Zugedeckt bei schwacher bis mittlerer Hitze weitere 5 Min. braten. Omelett auf einen Teller geben und quer halbieren. Mit 3 Scheiben Bündner Fleisch und gehackter Petersilie anrichten.

VARIANTE – ASIATISCHES OMELETT

2 Eier mit 1 EL heller Sojasauce verquirlen, mit Cayennepfeffer würzen. 2 Scheiben Putenbrustaufschnitt oder Kochschinken in Streifen schneiden. 1 EL Sesamsamen in einer beschichteten Pfanne ohne Fett rösten. Herausnehmen und beiseitestellen. 2 EL Öl in der heißen Pfanne erhitzen. Die Eiermasse bei mittlerer Hitze 3–4 Min. braten. Wenden und 1 Min. weiterbraten. Inzwischen 1 Möhre putzen, schälen und raspeln. 1 Frühlingszwiebel putzen, waschen, längs halbieren und in dünne Ringe schneiden. Auf eine Hälfte des Omeletts Möhre, Aufschnitt und die Hälfte der Frühlingszwiebel verteilen. Das Omelett zusammenklappen und anrichten. Mit 2 EL Sprossen, restlicher Zwiebel und Sesam garnieren.

raffiniert | mit fruchtiger Süße

Orientalischer Spinat

Spinat hat Besseres verdient, als in einer dicken Mehlsauce vor sich hin zu köcheln – er hat deutlich mehr zu bieten. Zum Beispiel diese aparte Kombination mit Mandeln, Zimt und Couscous!

100 ml Brühe | 50 g getrocknetes Mischobst
1 Msp. Zimtpulver | 1 EL Mandelblättchen
1 Knoblauchzehe | 1 kleine Zwiebel | 1 EL Öl
150 g TK-Blattspinat | 50 g Instant-Couscous
Salz | Pfeffer | 2–3 EL Sahne

Für 1 Person | 15 Min. Zubereitung
Pro Portion ca. 595 kcal, 13 g EW, 30 g F, 68 g KH

1 Brühe mit Trockenobst und Zimt in einem kleinen Topf aufkochen und 10 Min. köcheln lassen.

2 Mandeln in einem Topf ohne Fett rösten. (Achtung, dass sie nicht verbrennen!) Inzwischen Knoblauch und Zwiebel schälen, beides fein würfeln. Mandeln aus dem Topf nehmen. Öl hineingeben, Zwiebeln und Knoblauch darin anbraten. Spinat dazugeben, nach Packungsangabe garen.

3 Gleichzeitig 100 ml Wasser aufkochen, Couscous und 1 Msp. Salz damit übergießen und 5 Min. quellen lassen. Sahne zum Spinat geben. Den Couscous mit einer Gabel auflockern und unter das Obst und die restliche Brühe heben. Spinat mit Salz und Pfeffer abschmecken. Spinat und Couscous anrichten und mit Mandeln bestreuen.

ZU ZWEIT?
Dann einfach pro Person 150 g Lammlachse oder Lammfilets braten und zum Spinat servieren. Köstlich!

RESTE-TIPP
Das restliche Trockenobst für den Milchreis auf Seite 59 verwenden. Oder so naschen!

lässt sich vorbereiten
Bohnensuppe

1 kleine Zwiebel | 1 kleine rote Paprikaschote
2 EL Olivenöl | 2 Scheiben Toastbrot | 400 ml Gemüsebrühe | 150 g grüne Bohnen (TK)
½ TL getrockneter Thymian | 2–3 EL Sahne
Salz | Pfeffer

Für 1 Person | 15 Min. Zubereitung
Pro Portion ca. 560 kcal, 17 g EW, 33 g F, 46 g KH

1 Die Zwiebel schälen und würfeln. Die Paprika putzen, waschen und klein schneiden. Das Öl in einem Topf erhitzen. Den Toast würfeln. Alles im heißen Öl 2 Min. braten.

2 Die Brühe dazugießen. Die Bohnen nach Belieben kleiner schneiden, dazugeben und mit Thymian würzen. Aufkochen und 8 Min. köcheln lassen. Sahne in die Suppe geben. Mit Salz und Pfeffer abschmecken.

FLEISCH-TIPP
1 Wiener Würstchen oder einige Scheiben Kabanossi in der Suppe erhitzen.

vitaminreich | kalorienarm
Möhren-Tomaten-Suppe

100 g Cocktailtomaten | 1 kleine Zwiebel
10 g frischer Ingwer | 2 EL Olivenöl | 30 g Reisflocken | ½ TL Tomatenmark | ¼ l Möhrensaft
150 ml Gemüsebrühe | 1 Stängel Petersilie
Salz | Cayennepfeffer

Für 1 Person | 15 Min. Zubereitung
Pro Portion ca. 365 kcal, 5 g EW, 21 g F, 33 g KH

1 Tomaten waschen und halbieren. Zwiebel und Ingwer schälen und fein würfeln. Öl in einem Topf erhitzen. Zwiebel, Ingwer und Reisflocken kurz darin anbraten. Tomaten und Tomatenmark dazugeben. Mit Saft und Gemüsebrühe ablöschen, aufkochen und bei mittlerer Hitze 5 Min. köcheln lassen.

2 Die Petersilie waschen, die Blättchen abzupfen und fein hacken. Die Suppe mit Salz und Cayennepfeffer abschmecken. Anrichten und mit Petersilie bestreuen.

Nudeln

Wenn es sie nicht gäbe, man müsste sie dringend erfinden! Welche Sorte hätten Sie denn gern? Die schlanke Spaghetti, die elegante Tagliatelle oder die lustigen Schwestern Farfalle und Penne? Egal – mit diesen leckeren Saucen sind sie einfach alle unwiderstehlich!

Rucolanudeln mit Chilibröseln

Salz | Pfeffer
1 Knoblauchzehe
½ große rote Chilischote
1 Scheibe Toastbrot
50 g getrocknete Tomaten (in Öl)
100 g 5-Minuten-Spaghetti
2 EL Olivenöl
30 g Rucola

Für 1 Person | 15 Min. Zubereitung
Pro Portion ca. 710 kcal, 15 g EW, 30 g F, 88 g KH

1 1 l Salzwasser für die Nudeln aufsetzen. Den Knoblauch schälen und in feine Scheiben schneiden. Die Chilischote waschen, putzen, entkernen und hacken. Das Toastbrot fein zerbröseln. Die getrockneten Tomaten hacken, das Öl dabei auffangen.

2 Nudeln im kochenden Salzwasser garen. Olivenöl erhitzen. Rucola waschen und abtropfen lassen. Knoblauch, Chili und Toastbrösel im heißen Öl unter Wenden braten. Tomaten mit ihrem Öl und Rucola kurz mitbraten.

3 Nudeln bis auf 1–2 EL Wasser abgießen, abtropfen lassen und mit etwas Kochwasser in die Pfanne geben. Alles vermengen und mit Salz abschmecken.

ZU ZWEIT?
Die Zutaten einfach verdoppeln.

VARIANTE
Fleischfans können Parmaschinken in Streifen schneiden und unterheben.

NUDELN

gelingt leicht

Schinkennudeln

Salz | Pfeffer | 1 kleine Zwiebel
1 Knoblauchzehe
1 kleiner Zweig Rosmarin
1 dicke Scheibe gekochter Schinken (ca. 80 g)
1 EL Öl
100 g grüne Erbsen (TK)
100 ml trockener Weißwein (ersatzweise Brühe)
100 g Sahne
100 g Mini-Nudeln (z. B. Penne)

Für 1 Person | 15 Min. Zubereitung
Pro Portion ca. 1015 kcal, 41 g EW, 46 g F, 96 g KH

1 1 l Salzwasser für die Nudeln aufsetzen. Zwiebel und Knoblauch schälen. Zwiebel würfeln, Knoblauch fein schneiden. Rosmarin waschen, abzupfen und fein hacken. Schinken klein würfeln.

2 Öl in einer Pfanne erhitzen. Zwiebel, Knoblauch und Rosmarin darin anbraten. Schinken und Erbsen kurz mitbraten. Mit Wein und Sahne ablöschen und aufkochen, bei mittlerer Hitze 3 Min. köcheln lassen.

3 Inzwischen die Nudeln nach Packungsangabe garen. Abgießen und unter die Sauce mischen. Alles mit Salz und Pfeffer abschmecken.

AUSTAUSCH-TIPPS
Statt Schinken gewürfeltes Fischfilet nehmen oder Streifen vom Räucherlachs; statt mit Rosmarin mit frischem Estragon oder Dill würzen. Vegetariern schmecken die Nudeln mit einer Handvoll gemischten Kräutern und würzigem Käse (z. B. Gorgonzola oder Parmesan).

sahnig | mild

Farfalle mit Käsesauce

Salz | Pfeffer
2 Frühlingszwiebeln
2 EL Doppelrahm-Frischkäse mit Kräutern
100 ml Milch
100 g Mini-Nudeln (z. B. Farfalle)
30 g geröstete und gesalzene Erdnüsse
1–2 Stängel Petersilie
1 EL Öl | 1–2 EL Zitronensaft

Für 1 Person | 15 Min. Zubereitung
Pro Portion ca. 800 kcal, 26 g EW, 38 g F, 84 g KH

1 1 l Salzwasser für die Nudeln aufsetzen. Die Frühlingszwiebeln putzen, waschen und schräg in dünne Scheiben schneiden. Frischkäse und Milch mit einem Schneebesen glatt verrühren.

2 Die Nudeln im kochenden Wasser nach Packungsangabe garen, dann abgießen und abtropfen lassen. Inzwischen die Erdnüsse grob hacken. Die Petersilie waschen, trocken schütteln, abzupfen und fein hacken.

3 Öl im heißen Nudeltopf erhitzen. Zwiebeln darin kurz anbraten, Nudeln dazugeben. Käse-Milch einrühren und alles aufkochen. Mit Salz, Pfeffer und Zitronensaft abschmecken. Die Nudeln anrichten und mit den Erdnüssen und Petersilie bestreuen.

AUSTAUSCH-TIPP
Frischkäse gibt es in verschiedenen Varianten. Zu den Nudeln passen auch gut Paprika-, Tomaten-, Chili- oder Bärlauchfrischkäse.

NUDELN

beliebter Klassiker
Tomatensauce mit Hackfleisch

Alle lieben Tomatensauce! Aber immer die gleiche? Das muss ja nicht sein. Hier kommen vier Varianten der beliebtesten Nudelsauce – eine leckerer als die andere!

250 g Tomaten
1 kleine Zwiebel
1 Knoblauchzehe
2 EL Olivenöl
150 g gemischtes Hackfleisch
Salz | Pfeffer | Zucker
1 TL Tomatenmark
½ TL getrocknetes Oregano

Für 1 Person | ⏱ 15 Min. Zubereitung
Pro Portion ca. 650 kcal, 33 g EW, 51 g F, 15 g KH

1 Die Tomaten waschen und würfeln, dabei die Stielansätze entfernen. Zwiebel und Knoblauch schälen. Die Zwiebel würfeln. Öl erhitzen und Hackfleisch darin krümelig braten. Zwiebel dazugeben und Knoblauch dazupressen. Salzen und pfeffern.

2 Tomatenwürfel, Tomatenmark und Oregano zum Fleisch geben. 50 ml Wasser dazugießen, aufkochen und bei starker Hitze
5 Min. kochen lassen. Die Sauce mit Salz, Pfeffer und 1 Prise Zucker abschmecken.

VARIANTE – MIT OLIVEN, SPECK UND KAPERN
Statt Hackfleisch 50 g gewürfelten geräucherten, durchwachsenen Speck im heißen Öl anbraten. 2 EL schwarze Oliven ohne Stein in Scheiben schneiden. Zum Schluss je 1 TL Kapern und Olivenscheiben 2 Min. mitköcheln lassen.

VARIANTE – TEX-MEX
Statt Hackfleisch 50 g Cabanossi in dünnen Scheiben anbraten. 1 Dose Mais (225 g) abtropfen lassen und zu den Tomaten geben. Die Sauce statt mit Oregano mit ½ TL gemahlenem Kreuzkümmel abschmecken. Mit 1 EL gehackter Petersilie bestreuen und mit 1 Klecks Schmant anrichten.

VARIANTE – MIT PILZEN UND ROSMARIN
Statt Hackfleisch 150 g geviertelte Champignons, 1 klein geschnittene Frühlingszwiebel und ½ TL getrockneten Rosmarin im heißen Öl anbraten. Dafür Oregano weglassen. 5 EL trockenen Rotwein zu den Tomaten geben. Zum Schluss 2 EL Sahne unterrühren.

UND DAZU?
Die Saucen schmecken zu allen Nudeln. Auch Gnocchi, Schupfnudeln oder Klöße passen gut dazu. Die zwei letzten Varianten (s. oben) schmecken auch lecker zu kurzgebratenem Lamm, Rind oder zu Frikadellen.

MEHR PERSONEN AM TISCH?
Für 2 oder 3 Personen die Zutaten einfach verdoppeln bzw. verdreifachen!

oben: Tomatensauce Tex-Mex | rechts: mit Oliven, Speck und Kapern
unten: mit Hackfleisch | links: mit Pilzen und Rosmarin

schmeckt wie früher

Nudelsuppe mit Hähnchen und Eierflocken

Wer träumt nicht von Omas guter Hühnersuppe – mit viel Fleisch, Nudeln und Eierstich? Nicht traurig sein, hier kommt eine Variante, die Oma sicher auch geschmeckt hätte!

1 kleine Zwiebel | 2 EL Öl | 350 ml Geflügelbrühe
1 Päckchen TK-Suppengrün (50 g) | 50 g Gabelspaghetti | 125 g Hähnchenfilet | Salz | Pfeffer
1 Ei | 1 Stängel Petersilie

Für 1 Person | 15 Min. Zubereitung
Pro Portion ca. 610 kcal, 43 g EW, 28 g F, 42 g KH

1 Die Zwiebel schälen, fein würfeln und kurz in heißem Öl andünsten. Die Brühe dazugießen. Das Suppengrün dazugeben, alles aufkochen.

2 Die Gabelspaghetti dazugeben. Das Fleisch in dünne Streifen schneiden, in die Suppe geben und alles 5 Min. köcheln lassen.

3 Inzwischen die Petersilie waschen, Blättchen abzupfen und hacken. Das Ei verquirlen und zum Schluss in die kochende Suppe rühren. Suppe mit Salz und Pfeffer abschmecken, anrichten und mit Petersilie bestreuen.

AUSTAUSCH-TIPP
Statt Hähnchenfleisch können Sie auch Mett in Flocken in der Suppe garen oder das Brät aus einer rohen Bratwurst als Bällchen in die Suppe geben und mitgaren.

Rein vegetarisch wird's, wenn Sie Gemüsebrühe verwenden und statt Fleisch 100 g gewürfelten Tofu in der Suppe erhitzen. Wer es gern asiatisch mag, gibt eine Handvoll Mungobohnensprossen in die heiße Suppe und würzt mit einem Schuss Sojasauce und frischem Koriander.

VORRATS-TIPP
Die Suppe ist eine tolle Vorspeise und lässt sich sehr gut vorbereiten. Einfach am Tag vorher kochen, abkühlen lassen und im Kühlschrank aufbewahren. Oder mehr kochen und einfrieren.

besonders
Tortelli mit Pilzsauce

Salz | Pfeffer | 1 Glas Pfifferlinge (190 g Inhalt)
1 kleine Zwiebel | 1 EL Butter | 1 TL Mehl
200 ml Waldpilzfond (ersatzweise Gemüsefond)
5 EL trockener Weißwein (ersatzweise mehr
Fond) | 5 EL Sahne | Zitronensaft | 200 g frische
gefüllte Nudeln (z. B. Tortelli mit Trüffelfüllung;
Kühlregal) | 1 EL TK-Petersilie

Für 1 Person | 15 Min. Zubereitung
Pro Portion ca. 920 kcal, 28 g EW, 35 g F, 106 g KH

1 Salzwasser für die Nudeln aufsetzen. Pilze abtropfen lassen. Zwiebel schälen und fein würfeln. Butter in einer Pfanne erhitzen. Zwiebeln und Pilze darin anbraten. Alles mit Mehl bestäuben, andünsten. Unter Rühren mit Fond, Wein und Sahne ablöschen, 5 Min. köcheln. Mit Salz, Pfeffer und Zitronensaft abschmecken.

2 Nudeln im kochenden Wasser nach Packungsangabe garen. Nudeln abgießen, abtropfen lassen. Mit Sauce und Petersilie anrichten.

lässt sich vorbereiten
Spätzlesalat

1 Zwiebel | 1 Landjäger (ca. 40 g) | 2 EL Öl
150 g Spätzle (Kühlregal) | 80 ml Fleischbrühe
1 kleiner Apfel | 1 Gewürzgurke + 1–2 EL Marinade | 1 EL TK-Petersilie | Salz | Pfeffer | Zucker

Für 1 Person | 15 Min. Zubereitung
Pro Portion ca. 675 kcal, 19 g EW, 40 g F, 58 g KH

1 Zwiebel schälen und würfeln. Wurst in Scheiben schneiden. Öl erhitzen und beides kurz darin anbraten. Spätzle und Brühe dazugeben und aufkochen lassen. In eine Schüssel füllen.

2 Apfel waschen, vierteln, entkernen und klein schneiden. Gurke längs halbieren und in Scheiben schneiden. Mit Marinade und Petersilie unter die Spätzle heben. Mit Salz, Pfeffer und Zucker abschmecken.

VORRATS-TIPP
Salat mit 250 g Spätzle und 2 Landjägern zubereiten. Eine Hälfte zum Mitnehmen fürs Büro aufheben.

NUDELN

asiatisch | vegetarisch

Gebratene Tofunudeln

Salz | Pfeffer
1 Möhre
1–2 Frühlingszwiebeln
100 g Tofu (z. B. Nuss-Mandel-Tofu)
2 EL Öl
100 g asiatische Weizennudeln
1 EL Sesamsamen
2 EL Sojasauce
1–2 Stängel Koriandergrün

Für 1 Person | 15 Min. Zubereitung
Pro Portion ca. 730 kcal, 26 g EW, 34 g F, 84 g KH

1 Salzwasser für die Nudeln aufsetzen. Möhre putzen, schälen, waschen und in dünne Scheiben schneiden. Frühlingszwiebel putzen, waschen und in Stücke schneiden. Tofu in Würfel schneiden. Öl in einer Pfanne erhitzen.

2 Nudeln im kochenden Wasser nach Packungsangabe garen. Möhre, Frühlingszwiebeln und Tofu im heißen Öl unter Wenden 3 Min. anbraten. Sesam kurz mitbraten. 5 EL Wasser und Sojasauce zum Tofu geben und aufkochen. Koriander waschen, Blättchen abzupfen und hacken.

3 Nudeln abgießen und abtropfen lassen. Nudeln und Koriander unterheben und alles mit Sojasauce und Pfeffer abschmecken.

ZU ZWEIT?
Zutaten einfach verdoppeln!

RESTE-TIPP
Tofu schmeckt auch in dünnen Scheiben lecker auf Brot. Oder zu Tomate und Basilikum – statt Mozzarella.

raffiniert | eisenreich

Spaghetti mit roten Linsen

50 g rote Linsen
2 Frühlingszwiebeln
3 Scheiben Frühstücksspeck (Bacon)
3–4 Cocktailtomaten
2 EL Olivenöl
80 g 5-Minuten-Spaghetti
50 ml trockener Rotwein (ersatzweise Gemüsebrühe mit etwas Zitronensaft)
5 EL Sahne | Salz | Pfeffer

Für 1 Person | 15 Min. Zubereitung
Pro Portion ca. 980 kcal, 33 g EW, 53 g F, 85 g KH

1 Linsen mit 1 l Wasser in einem kleinen Topf aufkochen. Frühlingszwiebeln putzen, waschen und schräg in Scheiben schneiden. Speck in Stücke schneiden. Tomaten waschen und halbieren. Öl in einer Pfanne erhitzen. Spaghetti zu den Linsen geben und nach Packungsangabe garen.

2 Inzwischen Speck im heißen Öl knusprig auslassen. Zwiebeln kurz mitbraten. Tomaten hinzufügen, kurz mitdünsten. Alles mit Wein und Sahne ablöschen und aufkochen.

3 Nudeln und Linsen abgießen, abtropfen lassen und in die Pfanne geben. Alles vorsichtig vermengen und mit Salz und Pfeffer würzen.

TIPP – ROTE LINSEN
Rote Linsen sind sehr variabel und unschlagbar schnell zubereitet! Sie schmecken toll als Salat mit frischen Kräutern und einer Essig-Öl-Vinaigrette zu gebratenem Fisch oder Lamm. Oder als schnelle Suppe mit Kokosmilch gegart und mit Curry oder Kreuzkümmel abgeschmeckt.

Fisch

Fisch ist für eilige Singles wie gemacht! Richtige Größe, richtige Garzeit und gesund noch dazu. Jetzt brauchen Sie nur noch ein paar gute Rezepte, und die kommen hier! Mit einer ungewöhnlichen Kombination – Fisch und Speck – geht's los.

Fisch im Speckmantel

Salz | Pfeffer
1 kleiner Zucchino (ca. 150 g)
150 g Fischfilet (z. B. Lachs oder Zander)
2 Scheiben Frühstücksspeck (Bacon)
1 EL Öl
80 g dünne Bandnudeln
2 Stängel Basilikum
1 TL Butter

Für 1 Person | 15 Min. Zubereitung
Pro Portion ca. 845 kcal, 48 g EW, 27 g F, 82 g KH

1 1 l Salzwasser für die Nudeln aufsetzen. Zucchino putzen, waschen und mit einem Sparschäler längs in dünne Scheiben hobeln. Fisch waschen, trocken tupfen, salzen, pfeffern und mit Speck umwickeln.

2 Nudeln im kochenden Wasser nach Packungsangabe garen. Inzwischen das Öl in einer beschichteten Pfanne erhitzen. Den Fisch darin pro Seite 3–4 Min. braten. 2 Min. vor Garzeitende Zucchini dazugeben. Basilikum waschen, abzupfen und hacken.

3 Gemüsenudeln abgießen, abtropfen lassen und zurück in den Topf geben. Butter und Basilikum unterheben. Mit Salz und Pfeffer würzen. Fisch und Gemüsenudeln anrichten.

VARIANTEN
Hier kann man gut variieren. Statt Frühstücksspeck schmeckt Schwarzwälder Schinken oder hauchdünn geschnittene Fenchelsalami. Oder stecken Sie 1 Salbeiblättchen mit fest.

ZU ZWEIT?
Die Zutaten einfach verdoppeln.

raffiniert | kalorienarm

Bohnensalat mit Flusskrebsen

Hier wird ein einfacher Bohnensalat zu etwas ganz Besonderem! Die feinen Krebse geben ihm das gewisse Etwas. Der Salat passt auch toll als kleine Vorspeise für 2 Personen.

Salz | 1 kleine Zwiebel | 1–2 Stängel Petersilie
1 Tomate | 100 g TK-Prinzessbohnen | 1 EL Zitronensaft | etwas abgeriebene Schale von 1 Bio-Zitrone | Pfeffer | 1–2 EL Olivenöl | 100 g gegarte Flusskrebsschwänze

Für 1 Person | 15 Min. Zubereitung
Pro Portion ca. 350 kcal, 23 g EW, 22 g F, 17 g KH

1 Salzwasser für die Bohnen aufsetzen. Die Zwiebel schälen und fein würfeln. Petersilie waschen, abzupfen und trocken schütteln. Die Blättchen abzupfen und fein hacken. Die Tomate waschen und würfeln, dabei den Stielansatz entfernen. Die Bohnen im kochenden Salzwasser nach Packungsangabe garen.

2 Zitronensaft und -schale, Zwiebel, Petersilie und 1 EL heißes Wasser verrühren. Mit Salz und Pfeffer würzen. Das Öl unterrühren. Die Flusskrebsschwänze kalt abspülen und gut abtropfen lassen. Die Bohnen abgießen, abschrecken und ebenfalls abtropfen lassen.

3 Bohnen, Tomatenwürfel und Flusskrebe mit der Vinaigrette vermengen und mit Salz und Pfeffer abschmecken. Kurz ziehen lassen.

DAZU PASST
Frisches Baguette. Auch die gebratenen Kartoffelwürfel (s. Seite 5) schmecken dazu ganz köstlich.

knusprig
Fischstäbchen-Burger

1 Mini-Salatgurke | 1 kleine Tomate | 1 EL Öl | 1 TL Meerrettich (Glas) | 1 EL Schmant | 3 TK-Fischstäbchen | 1 Sesambrötchen | 1 TL Röstzwiebeln | Salz | Pfeffer

Für 1 Person | 15 Min. Zubereitung
Pro Portion ca. 600 kcal, 19 g EW, 32 g F, 59 g KH

1 Gurke und Tomate waschen, je eine Hälfte in dünne Scheiben, den Rest in Stücke schneiden. Das Öl erhitzen. Meerrettich und Schmant verrühren. Fischstäbchen nach Packungsangabe im Öl goldbraun braten.

2 Brötchen quer halbieren. Beide Hälften mit Schmant bestreichen. Die untere Hälfte mit Röstzwiebeln bestreuen, mit Gurke und Tomate belegen, salzen und pfeffern. Fischstäbchen auf die untere Hälfte legen. Obere Brötchenhälfte daraufsetzen. Restliche Gurken- und Tomatenstücke mit Salz und Pfeffer würzen und dazu essen.

prima fürs Büro
Thunfisch-Sandwich

1 kleine Dose Thunfisch (80 g) | 1 kleine Frühlingszwiebel | 1 kleine Gewürzgurke | 1 EL Schmant | Salz | Pfeffer | Zucker | 1 TL Zitronensaft | 1 Salatblatt | 2 Scheiben Sandwichtoast

Für 1 Person | 10 Min. Zubereitung
Pro Portion ca. 270 kcal, 25 g EW, 5 g F, 31 g KH

1 Thunfisch abtropfen lassen. Frühlingszwiebel putzen, waschen und sehr fein würfeln, ebenso die Gurke. Alles mit Schmant verrühren. Mit Salz, Pfeffer, Zucker und Zitronensaft würzen.

2 Salatblatt waschen und trocken tupfen. Toastscheiben mit der Paste bestreichen. Salatblatt auf eine Scheibe legen. Zweite Scheibe mit der bestrichenen Seite darauflegen. Sandwich halbieren.

VARIANTEN
Die Paste können Sie mit Senf, Meerrettich oder Currypulver variieren. Sie eignet sich als Vorspeise oder Snack zu Gemüsesticks.

FISCH

besonders
Orangen-Wein-Sauce mit Safran

Fisch ist lecker und gesund – nur, wie bereitet man ihn abwechslungsreich zu? Ab jetzt können Sie jeden Fisch mit nach Hause nehmen, der Ihnen gefällt. Mit diesen Saucen haben Sie immer die passende Begleitung parat!

1 kleine Zwiebel
1 große Bio-Orange | 2 EL Butter
1 TL Mehl
150 ml trockener Weißwein
1 Msp. Safranfäden
Salz | Pfeffer | Zucker

Für 1 Person | 10 Min. Zubereitung
Pro Portion ca. 350 kcal, 2 g EW, 17 g F, 24 g KH

1 Zwiebel schälen und sehr fein würfeln. Orange heiß waschen und abtrocknen. Die Schale fein abreiben, den Saft auspressen. 1 EL Butter in einer Pfanne erhitzen.

2 Die Zwiebel in der Butter andünsten. Mit Mehl bestäuben. Unter Rühren mit Wein und Orangensaft ablöschen. Schale und Safran unterrühren. Aufkochen und 5 Min. köcheln lassen. 1 EL Butter unterrühren. Die Sauce mit Salz, Pfeffer und Zucker abschmecken.

DAZU SCHMECKT
Die fruchtige Sauce passt besonders gut zu weißfleischigem Fisch und Meeresfrüchten, z. B. gebratenen Jakobsmuscheln, Seeteufel, Zander oder Seelachs. Als Beilagen schmecken Bandnudeln und Zucchini.

VARIANTE – ERBSENSAUCE MIT LIMETTE UND MINZE
1 EL Öl erhitzen. Je 1 kleine Zwiebel und Knoblauchzehe schälen und fein würfeln. In Öl kurz anbraten. 150 g TK-Erbsen und 100 ml Gemüsebrühe dazugeben und aufkochen. 2–3 Min. köcheln lassen. 2 Stängel Minze waschen, Blättchen abzupfen und hacken. 2 EL Erbsen herausnehmen und zur Seite stellen. Restliche Erbsen fein pürieren. Erbsen, Minze, ½ TL abgeriebene Schale von 1 Bio-Limette und 1–2 TL Limettensaft dazugeben. Die Sauce mit Salz und Pfeffer abschmecken.

Der kräftige Geschmack von Minze und Limette passt gut zu gebratenen Rotbarben oder Lachs. Basmatireis und Blattspinat schmecken als Beilagen prima dazu.

VARIANTE – SENFSAUCE
1 EL Butter in einem kleinen Topf erhitzen. 1 kleine Zwiebel schälen und sehr fein würfeln, in der heißen Butter kurz andünsten. 1 TL Mehl darüberstäuben und kurz mitdünsten. Unter Rühren mit je 100 ml Gemüsebrühe und Milch ablöschen. Aufkochen und 1 EL mittelscharfen Senf einrühren. Die Sauce bei mittlerer Hitze 5 Min. köcheln lassen, mit Salz und 1 Prise Zucker abschmecken.

Der herzhafte Senfgeschmack harmoniert zu Bratfisch, Kochfisch, aber auch zu knusprig Paniertem. Reis und grüner Salat sind hier klassische Beilagen.

links: Erbsensauce mit Limette und Minze | rechts: Orangen-Wein-Sauce mit Safran | unten: Senfsauce

exotisch | exklusiv

Gebratener Thunfisch mit Ananas

Wenn ein Gericht sexy sein kann, dann in dieser Kombination aus saftigem Fisch, fruchtiger Ananas, roter Chili und frischem Ingwer. Perfekt dazu: eiskaltes asiatisches Bier!

Salz | 1 EL Sesamsamen | 10 g frischer Ingwer
½ rote Chilischote | 1 Baby-Ananas | 1 Frühlingszwiebel | 1 EL Öl | 100 g asiatische Weizennudeln
150 g Thunfischfilet | Zucker | 2–3 EL Sojasauce

Für 1 Person | 15 Min. Zubereitung
Pro Portion ca. 1030 kcal, 50 g EW, 43 g F, 111 g KH

1 Salzwasser für die Nudeln aufsetzen. Ingwer schälen. Chili waschen, putzen, Kerne entfernen. Beides hacken. Sesam in einer Pfanne ohne Fett rösten. (Vorsicht, dass er nicht verbrennt!) Ananas schälen, vierteln und in Scheiben schneiden. Frühlingszwiebel putzen, waschen und schräg in Scheiben schneiden.

2 Sesam aus der Pfanne nehmen. Das Öl in der Pfanne erhitzen. Die Nudeln im kochenden Wasser nach Packungsangabe garen. Thunfisch waschen, trocken tupfen, salzen und im heißen Öl pro Seite 1 Min. anbraten. Dann Ingwer, Chili, Frühlingszwiebeln und Ananas dazugeben und alles 5 Min. braten, gelegentlich wenden.

3 Die Nudeln abgießen, abtropfen lassen und in die Pfanne geben, vorsichtig wenden. Mit 1 Prise Zucker und Sojasauce würzen. Alles anrichten und mit geröstetem Sesam bestreuen.

TIPP
Wer den Thunfisch innen roh mag, nach dem Anbraten aus der Pfanne nehmen und erst wieder mit den Nudeln dazugeben.

AUSTAUSCH-TIPPS
Statt Thunfisch schmecken auch Garnelen oder Jakobsmuscheln. Und Hähnchenfilet oder Putenbrust, in dünne Streifen geschnitten.

aromatisch raffiniert

Fischeintopf mit Reis

Anis gibt hier das gewisse Etwas! Dieses aromatische Gewürz schmeckt besonders gut zu Fisch. Passt aber auch gut zu Tomatensaucen und süßen Reisgerichten.

1 kleine Zwiebel | 1 Knoblauchzehe | 1 kleiner Zucchino | 1 große Tomate | 2 EL Olivenöl ½ TL Anissamen | 300 ml Fischfond oder Gemüsebrühe | 50 ml trockener Weißwein (ersatzweise mehr Brühe und etwas Zitronensaft) | 1 Lorbeerblatt | 150 g Fischfilet (z. B. Thunfisch, Lachs oder Seelachs) | 1–2 Stängel Petersilie | 30 g Reisflocken | Salz | Pfeffer

Für 1 Person | 15 Min. Zubereitung
Pro Portion ca. 680 kcal, 35 g EW, 23 g F, 52 g KH

1 Zwiebel und Knoblauch schälen und würfeln. Zucchino putzen, waschen und in Scheiben schneiden. Tomaten waschen und würfeln, dabei den Stielansatz entfernen.

2 Öl in einem Topf erhitzen. Anis, Zwiebel und Knoblauch kurz darin anbraten. Zucchini und Tomaten kurz mitbraten. Mit Fond und Wein ablöschen, aufkochen lassen. Lorbeerblatt dazugeben und alles bei mittlerer Hitze 5–6 Min. köcheln lassen.

3 Den Fisch waschen und in Würfel schneiden. Petersilie waschen, trocken tupfen, abzupfen und hacken. Fisch und Reisflocken in die köchelnde Suppe geben und unter gelegentlichem Rühren 3 Min. mitgaren. Den Eintopf mit Salz und Pfeffer würzen. Anrichten und mit Petersilie bestreuen.

TIPP – FISCHFOND

Gibt es fertig in Gläsern zu kaufen. Er lässt sich aber auch selbst herstellen: Fischkarkassen (Frischgräten von Edelfischen gibt es beim Fischhändler), Suppengrün, Lorbeer und Estragon mit kaltem Waser bedecken und aufkochen. 1 Std. leise köcheln lassen. Entstehenden Schaum abschöpfen. Auskühlen lassen und alles durch ein feines Sieb gießen. Portionsweise einfrieren.

FISCH

gelingt leicht
Knoblauchgarnelen

Salz
2 Knoblauchzehen
30 g getrocknete Tomaten (in Öl)
50 g Rucola
2 EL Olivenöl
100 g 5-Minuten-Spaghetti
150 g küchenfertige Garnelen
Cayennepfeffer
Zitronensaft

Für 1 Person | 15 Min. Zubereitung
Pro Portion ca. 725 kcal, 42 g EW, 26 g F, 79 g KH

1 1 l Salzwasser für die Nudeln aufsetzen. Knoblauch schälen und fein schneiden. Getrocknete Tomaten in feine Streifen schneiden. Rucola verlesen, waschen und abtropfen lassen. Olivenöl in einer Pfanne erhitzen.

2 Spaghetti im kochenden Wasser nach Packungsangabe garen. Inzwischen die Garnelen waschen, trocken tupfen und im heißen Öl unter Wenden 3 Min. braten. Knoblauch, Tomaten mit ihrem Öl kurz mitbraten. Mit Salz und Cayennepfeffer würzen. Rucola unterheben.

3 Nudeln abgießen und abtropfen lassen. Zu den Garnelen geben und unterheben. Nudeln mit Salz, Cayennepfeffer und einigen Tropfen Zitronensaft abschmecken.

TIPP
Die Garnelen schmecken statt mit Nudeln auch mit einem Stück frischem Baguette.

herrlich knusprig
Fischnuggets

200 g Fischfilet (z. B. Tilapia oder Seelachs)
Salz | Pfeffer | Zucker
1 Ei | 1 EL Mehl
2–3 EL Mandelblättchen
2 EL Öl
1 Römersalatherz | 1 EL Essig
2–3 EL Kräuterquark (Fertigprodukt)

Für 1 Person | 15 Min. Zubereitung
Pro Portion ca. 700 kcal, 56 g EW, 47 g F, 12 g KH

1 Fisch waschen und trocken tupfen. Salzen, pfeffern und grob schneiden. Das Ei in einem Teller verquirlen. Mehl und Mandeln in je einen Teller geben. 1 EL Öl in einer beschichteten Pfanne erhitzen.

2 Fischstücke erst in Mehl, dann in Ei und in den Mandeln wenden. Fischstücke im heißen Öl bei mittlerer Hitze rundherum 6–8 Min. braten.

3 Salat putzen, waschen und in Streifen schneiden. Essig mit Salz, Pfeffer und Zucker würzen. 1 EL Öl unterschlagen. Salat und Vinaigrette mischen. Fischnuggets mit Kräuterquark und Salat anrichten. Dazu schmeckt Baguette.

TIPP – PANIEREN
Eine knusprige und gut anhaftende Panade braucht drei Schritte: Zuerst das Paniergut in Mehl wenden. Überschüssiges Mehl abklopfen. Danach in verquirltem Ei und dann zügig in Semmelbröseln wenden. Sofort in reichlich heißem Fett ausbacken. Die Panade kann auch aus Mandeln (s. oben), Nüssen, zerkrümelten Chips oder einer Mischung aus Paniermehl und geriebenem Parmesan oder gehackten Kräutern bestehen.

Fleisch und Geflügel

Ab und zu ein Stück Fleisch muss sein! Denn was wäre das Leben ohne Schnitzel, Steak und Frikadelle. Und sogar in nur 15 Minuten ist es kein Problem, ein tolles Essen mit allem Drum und Dran zu zaubern – hier steht, wie's geht!

Gefüllte Schnitzel

1 dünnes Putenschnitzel (ca. 120 g)
Salz | Pfeffer
1 Scheibe Schwarzwälder Schinken
½ Scheibe alter Gouda | 1 EL Öl
200 g Gnocchi (Kühlregal)
50 ml trockener Weißwein (ersatzweise Gemüsebrühe)
1 EL Schmant
1 EL Frischkäse mit Kräutern
½ TL getrockneter Thymian
Holzspießchen

Für 1 Person | 15 Min. Zubereitung
Pro Portion ca. 1035 kcal, 75 g EW, 51 g F, 62 g KH

1 Das Schnitzel eventuell flacher klopfen und quer halbieren. Mit Salz und Pfeffer würzen. Schinken und Käse halbieren. Schnitzel damit belegen und zusammenklappen. Mit Holzspießchen feststecken. Öl in einer Pfanne erhitzen.

2 Schnitzel im heißen Öl pro Seite ca. 1 Min. anbraten. Gnocchi kurz mitbraten. 100 ml Wasser, Wein, Schmant, Frischkäse und Thymian dazugeben und alles unter vorsichtigem Rühren aufkochen. 5 Min. bei starker Hitze kochen lassen. Sauce mit Salz und Pfeffer abschmecken. Schnitzel mit den Gnocchi anrichten.

klein & fein
Rinderfilettoast

1 Ei (S) | 2 EL Öl | 1 Rinderfiletsteak (ca. 150 g)
Salz | Pfeffer | 1 TL Essig | Zucker | ½ Avocado
1 Frühlingszwiebel | ¼ Beet Kresse | 1 Scheibe
Sandwichtoast | 1 EL fertige Cocktailsauce

Für 1 Person | 15 Min. Zubereitung
Pro Portion ca. 785 kcal, 44 g EW, 59 g F, 20 g KH

1 Ei in kaltem Wasser aufsetzen und in 8–10 Min. wachsweich kochen. 1 EL Öl erhitzen. Steak salzen, pfeffern und bei mittlerer Hitze pro Seite 2–3 Min. braten.

2 Inzwischen Essig, Salz, Pfeffer, Zucker und 1 EL Öl verrühren. Avocado schälen und in dünne Scheiben schneiden. Zwiebel putzen, waschen und fein schneiden. Kresse vom Beet schneiden.

3 Brot toasten. Sauce daraufstreichen, mit Avocado und Zwiebel belegen. Mit Vinaigrette beträufeln. Steak daraufgeben. Ei schälen, halbieren und darauf setzen. Mit Kresse bestreuen. Mit Salz und Pfeffer würzen.

schmeckt nach Sommer
Lammkoteletts mit Salsa

½ Salatgurke (ca. 150 g) | 1 EL Obstessig | Salz
Pfeffer | Zucker | 2 EL Öl | 3 EL Vollmilch-Joghurt
2 Stängel Minze | 3 Lammstielkoteletts

Für 1 Person | 15 Min. Zubereitung
Pro Portion ca. 675 kcal, 21 g EW, 61 g F, 10 g KH

1 Die Gurke schälen, halbieren und die Kerne mit einem Löffel herauskratzen. Fruchtfleisch in kleine Würfel schneiden. Essig, Salz, Pfeffer und Zucker verrühren. 1 EL Öl und Joghurt unterrühren. Minze waschen, abzupfen und in Streifen schneiden. Joghurtsauce, Gurkenwürfel und Minze verrühren. Gurkensalsa abschmecken.

2 1 EL Öl erhitzen. Koteletts mit Salz und Pfeffer würzen und im heißen Öl unter Wenden ca. 5 Min. braten. Koteletts und Gurkensalsa anrichten. Dazu schmeckt Fladenbrot.

gelingt leicht
Salami-Toast-Pizzen

1 Frühlingszwiebel | 125 g Mozzarella | 2 Scheiben Sandwichtoast | 2–3 EL Tomatenketchup
Salz | Pfeffer | ½ TL getrockneter Oregano | 1 EL Olivenöl | 4 Scheiben Salami

Für 1 Person | 15 Min. Zubereitung
Pro Portion ca. 690 kcal, 37 g EW, 45 g F, 35 g KH

1 Backofengrill vorheizen. Die Frühlingszwiebel putzen, waschen und in feine Ringe schneiden. Den Mozzarella abtropfen lassen und in Scheiben schneiden.

2 Toastbrote leicht toasten und mit Ketchup bestreichen. Mit Salz, Pfeffer und Oregano bestreuen. Mit Olivenöl beträufeln. Frühlingszwiebeln darauf verteilen. Mit Salami und Mozzarella belegen. Toasts unter dem heißen Grill 3–4 Min. überbacken. Mit Salz und Pfeffer würzen und sofort servieren.

frisch | besonders
Spinatsalat mit Leber

1 EL Pinienkerne | 30 g getrocknete Tomaten (in Öl) | 1 Knoblauchzehe | 1 EL Balsamico-Essig
Salz | Pfeffer | 1 TL Zucker | 2 EL Öl | 100 g Hähnchenleber | ½ TL getrocknete ital. Kräuter
75 g junger Blattspinat (oder 1 Bund Rucola)

Für 1 Person | 15 Min. Zubereitung
Pro Portion ca. 475 kcal, 25 g EW, 35 g F, 10 g KH

1 Pinienkerne in einer Pfanne ohne Fett goldbraun rösten. (Achtung, dass sie nicht verbrennen!) Tomaten in Streifen schneiden. Knoblauch schälen und dünn schneiden. Essig mit Salz, Pfeffer und Zucker verrühren. 1 EL Öl unterrühren.

2 Leber putzen, eventuell kleiner schneiden. 1 EL Öl in der Pfanne erhitzen. Leber darin rundum 4–5 Min. braten. Knoblauch kurz mitbraten. Leber mit Salz, Pfeffer und Kräutern würzen. Spinat putzen und waschen. Alle Zutaten auf dem Spinat anrichten und mit Vinaigrette beträufeln. Dazu schmecken Grissini.

FLEISCH UND GEFLÜGEL

schön frisch
Brotsalat mit Hacksteak

150 g Rinderhackfleisch
½ TL Paprikapulver, edelsüß
Salz | Pfeffer | Zucker
1 TL mittelscharfer Senf | 3 EL Öl
1 Ciabattabrötchen
1 Frühlingszwiebel
1 Knoblauchzehe
1 große Tomate
1 EL Balsamico-Essig
2 Stängel Basilikum

Für 1 Person | 15 Min. Zubereitung
Pro Portion ca. 780 kcal, 39 g EW, 52 g F, 37 g KH

1 Hackfleisch mit Paprika, Salz, Pfeffer und Senf verkneten. Zu einem flachen Hacksteak formen. In einer Pfanne 1 EL Öl erhitzen und das Steak darin von jeder Seite 3–4 Min. braten.

2 Brötchen würfeln. Frühlingszwiebel putzen, waschen und schräg in Scheiben schneiden. Knoblauch schälen und hacken. 1 EL Öl in einer zweiten Pfanne erhitzen. Brotwürfel und Zwiebel darin anbraten. Knoblauch kurz mitbraten. Alles salzen und pfeffern.

3 Die Tomate waschen und ohne Stielansatz würfeln. In einer Schüssel Essig und restliches Öl verrühren. Mit Salz, Pfeffer und Zucker würzen. Brot- und Tomatenwürfel unterheben. Basilikum waschen, abzupfen und grob hacken. Unter den Brotsalat mischen. Hacksteak und Salat anrichten.

pikant | klassisch
Bratwürste mit Senfsauce

Salz | Pfeffer | Zucker
1 kleine Möhre
1 kleine Zwiebel
1 EL Öl
1 Beutel (62,5 g) 8-Minuten-Reis
5 kleine Rostbratwürstchen (ca. 100 g)
1 EL Schmant
1 TL mittelscharfer Senf (z. B. körniger)
80 ml Fleischbrühe

Für 1 Person | 15 Min. Zubereitung
Pro Portion ca. 710 kcal, 21 g EW, 42 g F, 61 g KH

1 1 l Salzwasser für den Reis aufsetzen. Möhre putzen, schälen und waschen. Längs vierteln und klein schneiden. Zwiebel schälen und würfeln. Öl in einer beschichteten Pfanne erhitzen.

2 Reis und Möhre in das Wasser geben und 8–10 Min. garen. Würstchen rundherum im heißen Öl in 4 Min. goldbraun braten. Zwiebel kurz mitbraten. Schmant und Senf verrühren. Brühe zu den Würstchen geben. Senfmischung einrühren. Alles aufkochen und 3 Min. köcheln lassen. Mit Salz, Pfeffer und Zucker abschmecken.

3 Reisbeutel und Möhren in ein Sieb gießen und abtropfen lassen. Möhren zurück in den Topf geben. Kochbeutel aufschneiden und den Reis mit den Möhren vermengen. Möhrenreis, Würstchen und Senfsauce anrichten.

AUSTAUSCH-TIPP
Statt Möhren schmecken auch TK-Erbsen oder Zucchiniwürfel im Reis. Beides aber nur 1–2 Min. mitgaren.

deftig | raffiniert

Kasseler mit Sahnebohnen und Gnocchi

Das herzhaft gepökelte Kasseler passt perfekt zu grünen Bohnen, Thymian und der sahnigen Sauce. Diese herzhafte Kombination hat das Zeug zum Lieblingsessen!

Salz | Pfeffer | 150 g ausgelöstes Kasselerkotelett
1 EL Öl | 1 kleine Zwiebel | 150 ml Fleischbrühe
5 EL Sahne | ½ TL getrockneter Thymian
100 g TK-Prinzessbohnen | 200 g Gnocchi (aus dem Kühlregal)

Für 1 Person | 15 Min. Zubereitung
Pro Portion ca. 835 kcal, 49 g EW, 39 g F, 75 g KH

1 Salzwasser für die Bohnen aufsetzen. Das Kasseler in Streifen schneiden. Öl in einer Pfanne erhitzen. Die Zwiebel schälen und in Würfel schneiden.

2 Das Kasseler im heißen Öl kräftig anbraten. Die Zwiebel kurz mitbraten. Mit Brühe und Sahne ablöschen, den Thymian dazugeben. Aufkochen und bei mittlerer Hitze köcheln lassen. Bohnen im kochenden Wasser nach Packungsangabe garen.

3 Die Gnocchi zum Kasseler geben und unterheben. Die Bohnen abgießen und ebenfalls unterheben. Alles aufkochen und 2–3 Min. köcheln lassen. Mit Salz und Pfeffer abschmecken.

ZU ZWEIT?
Zutaten einfach verdoppeln!

RESTE-TIPP
Die Gnocchi können auch tiefgefroren dazugegeben werden, an der Garzeit ändert sich dadurch nichts. Auf Seite 38 und 55 werden auch jeweils 200 g Gnocchi verwendet.

besonders | gelingt leicht

Minutensteaks in Paprikasauce zu Polenta

Die aromatische Parikasauce ist ein Multitalent! Sie passt zu gebratenem Fleisch ebenso gut wie zu Bratfisch, Nudeln oder Reisgerichten.

1 kleine rote Paprikaschote (ca. 150 g) | 1 kleine Zwiebel | 1 EL Öl | 2 Minutensteaks vom Schwein (à ca. 60 g) | Salz | Pfeffer | 350 ml klare Fleischbrühe | 5 EL Sahne | ½ TL getrocknete ital. Kräuter | 80 g feiner Maisgrieß (Polenta)

Für 1 Person | 15 Min. Zubereitung
Pro Portion ca. 825 kcal, 40 g EW, 43 g F, 67 g KH

1 Die Paprikaschote putzen, waschen und in kleine Würfel schneiden. Die Zwiebel schälen, fein würfeln. Das Öl in einer Pfanne erhitzen.

2 Die Steaks im heißen Öl von beiden Seiten 1 Min. braten. Mit Salz und Pfeffer würzen und herausnehmen. Paprika und Zwiebeln anbraten, leicht salzen und pfeffern. 100 ml Brühe, Sahne und getrocknete Kräuter dazugeben. Aufkochen lassen, das Fleisch dazugeben und alles offen 5 Min. köcheln lassen.

3 Währenddessen ¼ l Brühe für die Polenta aufkochen. Die Polenta unter Rühren in die kochende Brühe einrieseln lassen. Auf der ausgeschalteten Herdplatte kurz quellen lassen. Die Sauce mit Salz und Pfeffer abschmecken. Polenta, Steaks und Paprikasauce anrichten.

RESTE-TIPP
Bereiten Sie die doppelte Menge Polenta zu und streichen Sie eine Hälfte auf einen gefetteten flachen Teller. Am nächsten Tag die Polenta in Stücke schneiden und goldbraun braten. Zum Schluss mit geriebenem Käse bestreuen. Dazu schmeckt gemischter Salat.

FLEISCH UND GEFLÜGEL

festlich

Steak mit Mandel-Gremolata in Weinsauce

1 EL gehackte Mandeln
2 Stängel glatte Petersilie
1 Rinderfiletsteak (ca. 1½ cm dick)
Salz | Pfeffer | Zucker | 2 EL Öl
50 g Instant-Couscous | 1 TL Mehl
5 EL trockener Rotwein
100 ml Fleischbrühe
½ TL dunkler Balsamico-Essig
6–7 Cocktailtomaten
etwas abgeriebene Schale von 1 Bio-Zitrone

Für 1 Person | 15 Min. Zubereitung
Pro Portion ca. 665 kcal, 42 g EW, 32 g F, 45 g KH

1 Mandeln in einer Pfanne goldbraun rösten, herausnehmen. Petersilie waschen und hacken. Steak salzen und pfeffern. 100 ml Wasser kochen.

2 Öl in der Pfanne erhitzen und das Steak von jeder Seite 1 Min. kräftig anbraten. Dann bei mittlerer Hitze pro Seite weitere 2–3 Min. braten. Couscous mit 1 Msp. Salz vermengen. Mit dem Wasser übergießen, quellen lassen. Steak herausnehmen und in Alufolie einschlagen.

3 Mehl in die Pfanne stäuben, kurz andünsten. Mit Wein, Brühe und Essig ablöschen, aufkochen. Tomaten waschen und 2 Min. mitköcheln. Sauce mit Salz, Pfeffer und Zucker abschmecken. Bratensaft vom Steak dazugeben. Mandeln, die Hälfte der Petersilie und Zitronenschale mischen. Couscous auflockern, den Rest Petersilie unterheben. Alles anrichten und das Steak mit der Mandel-Gremolata bestreuen.

Asien trifft Bayern

Asiatischer Wurstsalat

Salz | 1 TL Essig
2 EL süßsaure Asiasauce
1–2 TL Sojasauce
Cayennepfeffer
1 EL Öl | 1 Frühlingszwiebel
100 g Zuckerschoten
100 g Geflügelfleischwurst
1 EL geröstete gesalzene Erdnusskerne
1 EL Röstzwiebeln

Für 1 Person | 15 Min. Zubereitung
Pro Portion ca. 525 kcal, 17 g EW, 41 g F, 17 g KH

1 Salzwasser für die Zuckerschoten aufsetzen. Essig, Asiasauce, Sojasauce, Salz und Cayennepfeffer verrühren. Öl unterrühren. Frühlingszwiebel putzen, waschen und in feine Ringe schneiden. Vinaigrette und Zwiebel verrühren.

2 Zuckerschoten waschen und im kochenden Salzwasser 3–4 Min. garen. Fleischwurst in dünne Scheiben schneiden. Erdnüsse grob hacken.

3 Zuckerschoten abgießen, kurz unter kaltem Wasser abschrecken und abtropfen lassen. Fleischwurst und Zuckerschoten mit der Vinaigrette vermengen. Mit Salz und Cayennepfeffer abschmecken. Mit Röstzwiebeln und gehackten Erdnüssen bestreuen. Dazu schmeckt Baguette.

ZU ZWEIT?

Vinaigrette verdoppeln und 100 g Mungobohnensprossen sowie 75 g Glasnudeln mit heißem Wasser überbrühen, abgießen und unterheben. Dazu schmeckt ein kühles Bier.

feuriger Mexico-Style

Chili con Pute

Hier gibt Kreuzkümmel, auch Cumin genannt, den typischen Tex-Mex-Geschmack – dieses aromatische Gewürz darf in der sehr beliebten Currymischung nicht fehlen!

150 g Putenschnitzel | 2 Frühlingszwiebeln
1 Knoblauchzehe | 1 Tomate | Salz | ½ TL gemahlener Kreuzkümmel | Cayennepfeffer | 1 Tomate
1 Dose »Mexico Mix« (425 g) | 1–2 Stängel Petersilie | 1 EL Schmant

Für 1 Person | 15 Min. Zubereitung
Pro Portion ca. 525 kcal, 49 g EW, 18 g F, 43 g KH

1 Das Fleisch in Streifen schneiden. Die Frühlingszwiebeln putzen, waschen und in Stücke schneiden. Den Knoblauch schälen und hacken. Tomaten waschen und in Stücke schneiden, den Stielansatz dabei entfernen.

2 Das Öl in einer Pfanne erhitzen. Fleisch rundherum kräftig darin anbraten, salzen. Zwiebeln und Knoblauch kurz mitbraten. Mit Kreuzkümmel und Cayennepfeffer würzen. Tomatenwürfel zum Fleisch geben. Das »Mexico-Mix«-Gemüse abgießen und dazugeben. Mit 100 ml Wasser ablöschen und alles aufkochen.

3 Petersilie waschen, Blättchen abzupfen und hacken. Unter das Fleisch und das Gemüse heben. Alles bei mittlerer Hitze 3 Min. köcheln lassen. Mit Salz abschmecken, Schmant unterheben. Das Chili anrichten. Dazu schmecken Taco Chips.

VARIANTEN
Sie können das Chili auch mit 150 g gemischtem Hackfleisch, 100 g Kabanossi in Scheiben oder sogar vegetarisch mit Tofu zubereiten.

deftig
Würstchen-Gulasch

1 kleine Stange Lauch | 1 EL Öl | 1 Dose Weinsauerkraut (330 g) | 1 TL Zucker | je ½ TL getrockneter Majoran und edelsüßes Paprikapulver
200 ml Gemüsebrühe | 1 Wiener Würstchen
1 EL Schmant | Salz | Pfeffer

Für 1 Person | 15 Min. Zubereitung
Pro Portion ca. 510 kcal, 15 g EW, 41 g F, 14 g KH

1 Lauch putzen, waschen, in dünne Ringe schneiden. Öl in einem Topf erhitzen und Lauch darin andünsten. Sauerkraut abtropfen lassen, dazugeben. Zucker, Majoran und Paprika unterheben. Brühe dazugießen und alles aufkochen.

2 Das Würstchen in Stücke schneiden. Würstchen und Schmant unterheben. Alles 5 Min. köcheln lassen. Gulasch mit Salz und Pfeffer abschmecken. Dazu schmeckt Krustenbrot.

pikant | besonders
Schweinefilet »Stroganoff«

150 g Champignons | 1 kleine Zwiebel | 1 EL Öl
2 Schweinemedaillons (à ca. 70 g) | Salz | Pfeffer
1 TL Mehl | 150 ml Fleischbrühe | 5 EL Sahne
1 TL Senf | 150 g frische Spätzle (Kühlregal)
1 Gewürzgurke | Zucker

Für 1 Person | 15 Min. Zubereitung
Pro Portion ca. 645 kcal, 47 g EW, 32 g F, 43 g KH

1 Die Pilze putzen und halbieren. Die Zwiebel schälen und fein würfeln. Öl in einer Pfanne erhitzen und Medaillons pro Seite 1 Min. braten. Mit Salz und Pfeffer würzen. Pilze 2 Min. mitbraten. Zwiebel kurz mitbraten, salzen und pfeffern. Pilze mit Mehl bestäuben, kurz anbraten. Mit Brühe und Sahne ablöschen. Den Senf einrühren. Alles aufkochen.

2 Spätzle dazugeben und alles offen 3–4 Min. köcheln lassen. Die Gurke längs halbieren und in Scheiben schneiden. Gurke unterheben, alles mit Salz, Pfeffer und Zucker abschmecken.

FLEISCH UND GEFLÜGEL

Italien lässt grüßen
Schnitzel mit Zitronensauce

Schnitzel haben oft ein Problem – ihnen fehlt die Sauce! Hier können Sie sogar zwischen drei Varianten wählen – und wetten, eine ist mindestens für Sie dabei?

1 kleine Zwiebel
1 Knoblauchzehe
1 EL Öl
3 dünne Schnitzelchen (à ca. 50 g; von Kalb, Pute oder Schwein)
Salz | Pfeffer | Zucker
1 TL Mehl | 150 ml Gemüsebrühe
abgeriebene Schale und Saft von ½ Bio-Zitrone
1 TL kalte Butter

Für 1 Person | 15 Min. Zubereitung
Pro Portion ca. 345 kcal, 38 g EW, 16 g F, 11 g KH

1 Zwiebel und Knoblauch schälen und längs halbieren. Das Öl in einer Pfanne erhitzen.

2 Die Schnitzel mit Salz und Pfeffer würzen und von jeder Seite 2 Min. im heißen Öl anbraten. Zwiebel und Knoblauch kurz mitbraten. Mehl in das heiße Fett geben und kurz anbraten. Mit Brühe und Zitronensaft ablöschen. Zitronenschale dazugeben und alles aufkochen.

3 Zwiebel und Knoblauch entfernen. Butter in die heiße Sauce rühren und mit Salz, Pfeffer und Zucker abschmecken. Aufkochen und das Fleisch in die kochende Sauce geben. Alles 2 Min. köcheln lassen. Dazu schmecken Bandnudeln und Zucchinigemüse, Zuckerschoten oder Blattspinat.

VARIANTE – MIT MARSALA-SAHNE-SAUCE
Schnitzel mit Salz und Pfeffer würzen und in 1 EL heißem Öl ca. 2 Min. braten. 1 Knoblauchzehe schälen und fein hacken. Schnitzel aus der Pfanne nehmen. Knoblauch im heißen Öl kurz anbraten. 1 TL Tomatenmark dazugeben. Mit 6 EL Marsala (italienischer Dessertwein), 2 EL Wasser und 4 EL Sahne ablöschen. Unter Rühren aufkochen. Mit Salz, Pfeffer und einigen Tropfen Balsamico-Essig abschmecken. Schnitzelchen mit dem Bratensaft wieder in die Sauce geben und darin 1–2 Min. unter gelegentlichem Wenden köcheln lassen. Dazu schmecken Gnocchi und Tomatengemüse.

VARIANTE – MIT SPECK UND SALBEI
Schnitzel mit Salz und Pfeffer würzen und in 1 EL heißem Öl ca. 2 Min. braten. 50 g geräucherten durchwachsenen Speck (am Stück) in dünne Scheiben schneiden. Schnitzel aus der Pfanne nehmen. 1 EL Olivenöl in die heiße Pfanne geben und die Speckscheiben darin auslassen. 6–8 Salbeiblättchen ca. 1 Min. mitbraten. Speck und Salbei aus der Pfanne nehmen. 1 TL Zitronensaft und 2 EL Wasser in das heiße Bratöl geben, aufkochen und mit Pfeffer und Zucker abschmecken. Schnitzel in die Sauce geben und 1–2 Min. ziehen lassen. Schnitzel, Sauce, Speck und Salbeiblättchen anrichten. Dazu schmecken Baguette und ein gemischter Salat.

oben: Zitronensauce | Mitte: Marsala-Sahne-Sauce
unten: Sauce mit Speck und Salbei

FLEISCH UND GEFLÜGEL

bayerisch | deftig
Knödelpfanne mit Spitzkohl und Leberkäse

300 g Spitzkohl
1 Scheibe Leberkäse (etwa 150 g)
1 kleine Zwiebel
150 g geformte Mini-Kartoffelknödel (Trockenprodukt oder TK)
1 EL Öl | Salz | Pfeffer | Zucker
1 EL Schmant
einige Tropfen Zitronensaft
1 EL TK-Petersilie

Für 1 Person | 15 Min. Zubereitung
Pro Portion ca. 890 kcal, 29 g EW, 54 g F, 69 g KH

1 1 l Wasser für die Knödel aufkochen. Den Spitzkohl putzen, waschen und in Streifen schneiden. Den Leberkäse würfeln. Die Zwiebel schälen und würfeln. Die Knödel nach Packungsangabe im kochenden Wasser garen.

2 Inzwischen das Öl in einer Pfanne erhitzen. Leberkäse darin von beiden Seiten anbraten, herausnehmen. Zwiebel und Kohl kurz anbraten. Mit Salz und Pfeffer würzen. 5–6 EL Wasser dazugießen, den Schmant unterheben und den Leberkäse einlegen. Zugedeckt 3–5 Min. schmoren.

3 Knödel abgießen und in die Pfanne geben. Alles mit Zitronensaft, Salz und Pfeffer und 1 Prise Zucker abschmecken. Anrichten und mit Petersilie bestreuen.

ZU ZWEIT?
Zutaten einfach verdoppeln!

pikant-fruchtig
Currypute mit Äpfeln und Reis

Salz | Pfeffer
1 Frühlingszwiebel
1 kleiner Apfel
1 EL Öl | 1 Putenschnitzel (ca. 150 g)
1 Beutel (62,5 g) 8-Minuten-Reis
1 TL Currypulver
½ TL Hühnerbrühe (Instant)
150 ml Milch
Zucker | 1 TL Zitronensaft

Für 1 Person | 15 Min. Zubereitung
Pro Portion ca. 660 kcal, 47 g EW, 19 g F, 70 g KH

1 1 l Salzwasser für den Reis aufstellen. Frühlingszwiebel putzen, waschen und schräg in Scheiben schneiden. Apfel waschen und mit einem Apfelausstecher entkernen. In ½ cm dicke Ringe schneiden. (Oder vierteln, entkernen und in Spalten schneiden.)

2 Das Öl in einer Pfanne erhitzen. Das Schnitzel mit Salz und Pfeffer würzen und pro Seite 2–3 Min. braten. Reis im kochenden Wasser garen.

3 Nach 3–4 Min. Apfel und Frühlingszwiebeln zum Fleisch in die Pfanne geben und kurz anbraten. Alles mit Curry und Brühe bestreuen und mit Milch ablöschen. Aufkochen und 3–4 Min. offen köcheln lassen. Mit Salz und Pfeffer (falls nötig), Zucker und Zitronensaft abschmecken.

AUSTAUSCH-TIPP
Schmeckt auch mit Schweineschnitzel, Hähnchenfilet oder vegetarisch mit gebratenem Tofu.

oben: Currypute mit Äpfeln | unten: Knödelpfanne mit Spitzkohl und Leberkäse

Süße Hauptgerichte

Naschkatzen kommen hier ganz schnell auf ihre Kosten! Denn wer hat gesagt, dass Gnocchi nur in herzhaften Gerichten schmecken? Und dazu gibt's einen raffinierten Orangen-Beeren-Salat, da kann noch nicht mal die Waage meckern!

Süße Gnocchi mit Orangen-Erdbeeren

1 große Orange
250 g Erdbeeren | 2 TL Zucker
1 EL Butter | 200 g Gnocchi (Kühlregal)
½ Päckchen Vanillezucker
2 Stängel Minze

Für 1 Person | 15 Min. Zubereitung
Pro Portion ca. 525 kcal, 9 g EW, 10 g F, 99 g KH

1 Orange schälen, auch die weiße Haut entfernen. Filets zwischen den Trennhäuten herausschneiden, den Saft auffangen. Erdbeeren waschen, putzen und in Scheiben schneiden. Orangenfilets, Saft, 1 TL Zucker und Erdbeeren vermengen.

2 Die Butter in einer beschichteten Pfanne erhitzen. Gnocchi darin bei mittlerer Hitze in 6–8 Min. goldbraun braten. Dabei mit 1 TL Zucker und dem Vanillezucker bestreuen.

3 Minze waschen, Blättchen abzupfen. Minze und Orangen-Erdbeeren vermengen und mit den heißen Gnocchi anrichten.

AUSTAUSCH-TIPP
Statt Erdbeeren schmecken auch Heidelbeeren, Brombeeren oder Pfirsiche sehr fein.

SÜSSE HAUPTGERICHTE

süßer Kindheits-Klassiker

Grießbrei mit Zimtzucker

Der heiße süße Brei schmeckt so schön nach Kindheit! Für alle, die davon nicht genug bekommen können, gibt's hier gleich vier vernaschenswerte Varianten.

1 Ei (S)
350 ml Milch
1 Päckchen Vanillezucker
2 TL Zucker | Salz
1 Stück Schale von 1 Bio-Zitrone
60 g Weichweizengrieß
1 Msp. Zimtpulver
1 TL Butter

Für 1 Person | 15 Min. Zubereitung
Pro Portion ca. 640 kcal, 25 g EW, 23 g F, 62 g KH

1 Das Ei trennen und das Eiweiß steif schlagen. 2 EL Milch abnehmen und mit dem Eigelb verquirlen. Die restliche Milch mit Vanillezucker, 1 TL Zucker, 1 Prise Salz und Zitronenschale aufkochen.

2 Den Grieß mit einem Schneebesen langsam in die kochende Milch rühren. Einmal aufkochen lassen und vom Herd nehmen. Die Zitronenschale entfernen. Die Eigelbmischung zügig einrühren. Dann den Eischnee unterheben. 1 TL Zucker und den Zimt verrühren. Den Grießbrei in einen tiefen Teller geben. Butter daraufgeben und mit Zimtzucker bestreuen.

VARIANTE – SCHOKOLADENGRIESS
Grießbrei wie oben beschrieben ohne Zucker zubereiten. Statt Butter und Zimtzucker 30 g gehackte Vollmilchschokolade unter den heißen Grießbrei heben.

VARIANTE – KOKOSGRIESS MIT APRIKOSEN
Grießbrei wie oben beschrieben zubereiten, dabei 1 gehäuften EL Kokosraspel mit dem Grieß mischen und einrühren. Statt Butter und Zimtzucker 3–4 Aprikosenhälften (Dose) und etwas Saft auf den fertigen Kokos-Grießbrei geben.

VARIANTE – MIT APFEL UND RUMROSINEN
1 kleinen Apfel waschen, vierteln und entkernen. Fruchtfleisch in Würfel schneiden. 1 TL Butter in einem kleinen Topf erhitzen und die Äpfel darin andünsten. Mit 1 TL Zucker bestreuen und 1 EL braunen Rum und 1 TL Rosinen dazugeben. Alles aufkochen. Vom Herd nehmen. Grießbrei wie links beschrieben zubereiten. Statt mit Zimtzucker und Butter mit dem Apfelkompott anrichten.

DESSERT-TIPP
Die Breimenge reicht für 2–3 Personen als Dessert. Den Brei auskühlen lassen und mit Kompott (z. B. fertige rote Grütze oder Apfelmus), etwas Schlagsahne und Schokostreuseln anrichten.

oben: Kokosgrieß mit Aprikosen | Mitte: Schokoladengrieß | unten: Grießbrei mit Apfel und Rumrosinen | links: Grießbrei mit Zimtzucker

gelingt leicht

Arme Ritter mit Kirschkompott

Früher war das Gericht ein Resteessen – heute ist es Verführung pur! Die Brote schmecken auch nachmittags zum Kaffee.

100 g Kirschen (Glas) mit 150 ml Kirschsaft
1 TL Speisestärke | 1 Msp. Zimtpulver
2 TL Zucker | 1 EL Butter | 1 Ei | 2 Scheiben Sandwichtoast | 3–4 EL Vanillesauce (Kühlregal)
1 TL Puderzucker

Für 1 Person | 15 Min. Zubereitung
Pro Portion ca. 595 kcal, 16 g EW, 19 g F, 85 g KH

1 Den Kirschsaft in einem Topf aufkochen. Die Stärke mit 2 EL kaltem Wasser verrühren und in den kochenden Saft rühren. Zimt und 1 TL Zucker dazugeben und alles aufkochen lassen. Die Kirschen dazugeben, das Kompott vom Herd nehmen und etwas abkühlen lassen.

2 Die Butter in einer beschichteten Pfanne erhitzen. Das Ei mit 1 TL Zucker mit einer Gabel verquirlen. Die Toastscheiben diagonal halbieren, im verquirlten Ei wenden und sofort in die heiße Butter geben. Pro Seite bei mittlerer Hitze 3–4 Min. braten.

3 Die gebratenen Toastscheiben und das Kirschkompott anrichten. Vanillesauce darübergeben. Mit Puderzucker bestäuben.

AUSTAUSCH-TIPP

Das Kompott kann man natürlich auch mit frischen Früchten zubereiten, z. B. mit Pflaumen, Mirabellen oder Heidelbeeren. Dann 150 ml roten oder hellen Fruchtsaft verwenden. Die Garzeit der Früchte verlängert sich entsprechend. Das Kompott schmeckt auch zu Vanillepudding, -eis, Quark oder Joghurt. Wer mag, gibt noch einen Schuss Rotwein, Kirsch-, Mandel- oder Orangenlikör dazu.

raffiniert
Cranberry-Couscous

200 ml Orangensaft | 2–3 EL getrocknete Cranberrys | 1–2 EL Mandellikör (z. B. Amaretto oder 2-3 Tropfen Bittermandelöl) | 3 TL Zucker | 1 kleine reife Mango | 2–3 EL Crème fraîche | 1–2 EL Milch | 100 g Instant-Couscous

Für 1 Person | 15 Min. Zubereitung
Pro Portion ca. 710 kcal, 14 g EW, 15 g F, 126 g KH

1 Orangensaft mit Cranberrys, Mandellikör und 1 TL Zucker in einem Topf aufkochen.

2 Die Mango schälen, das Fruchtfleisch vom Stein schneiden und in Würfel schneiden. Crème fraîche mit Milch und 2 TL Zucker verrühren.

3 Den kochenden Orangensaft mit den Cranberrys über den Couscous geben und alles 5–7 Min. quellen lassen. Couscous mit einer Gabel auflockern. Crème fraîche und Mangowürfel darauf verteilen.

preiswert
Milchreis mit Backobst

¼ l Milch | 1 Päckchen Vanillezucker | etwas abgeriebene Schale von 1 Bio-Zitrone | 50 g getrocknetes Mischobst | 150 ml Apfelsaft | 1 Msp. Zimtpulver | 50 g Reisflocken | 1 TL Speisestärke

Für 1 Person | 15 Min. Zubereitung
Pro Portion ca. 620 kcal, 14 g EW, 14 g F, 95 g KH

1 Milch mit Vanillezucker und Zitronenschale aufkochen. Mischobst eventuell etwas kleiner schneiden. Apfelsaft, Obst und Zimt aufkochen.

2 Reisflocken in die Milch geben und bei schwacher Hitze unter gelegentlichem Rühren 6–8 Min. garen. Stärke mit 1 EL kaltem Wasser glatt rühren, in den Apfelsaft rühren und aufkochen, 3 Min. köcheln lassen. Mit Milchreis anrichten.

TIPP
Schmeckt auch kalt sehr gut und reicht dann als Dessert für 2–3 Personen.

REGISTER

Zum Gebrauch
Damit Sie Rezepte mit bestimmten Zutaten noch schneller finden können, stehen hier zusätzlich Zutaten wie **Äpfel** oder **Reis** – ebenfalls alphabetisch geordnet und **hervorgehoben** – über den entsprechenden Rezepten.

A

Ananas: Gebratener Thunfisch mit Ananas 34
Äpfel
   Currypute mit Äpfeln und Reis 52
   Spätzlesalat 25
Arme Ritter mit Kirschkompott 58
Asiatischer Wurstsalat 46
Asiatisches Omelett (Variante) 14

B

Backobst: Milchreis mit Backobst 59
Baguette mit Bratkäse 11
Bohnensalat mit Flusskrebsen 30
Bohnensuppe 17
Bratwürste mit Senfsauce 42
Brokkolisalat 6
Brotsalat mit Hacksteak 42
Burger
   Fischstäbchen-Burger 31
   Vegetarischer Burger 6

C

Champignons: Schweinefilet »Stroganoff« 49
Chili con Pute 48
Couscous
   Cranberry-Couscous 59
   Gemüsepfanne mit Couscous 9
   Orientalischer Spinat 16
   Steak mit Mandel-Gremolata 46
Currypute mit Äpfeln und Reis 52

E

Eier
   Eierhäckerle 6
   Gemüsesalat mit Ei 12
   Nudelsuppe 24
   Omeletts 14
   Rinderfilettoast 40
Erbsen
   Erbsensauce (Variante) 32
   Schinkennudeln 20
Erdbeeren: Süße Gnocchi 55

F

Farfalle mit Käsesauce 20
Fisch im Speckmantel 29
Fischeintopf mit Reis 35
Fischfond (Tipp) 35
Fischnuggets 36
Fischstäbchen-Burger 31
Flusskrebse: Bohnensalat mit Flusskrebsen 30
Frühstücksspeck
   Fisch im Speckmantel 29
   Spaghetti mit roten Linsen 26

G

Garnelen: Knoblauchgarnelen 36
Gebratene Tofunudeln 26
Gebratener Thunfisch mit Ananas 34
Gefüllte Schnitzel 39
Gemüse in Erdnuss-Kokos-Sauce 10
Gemüsepfanne mit Couscous 9
Gemüsesalat mit Ei 12
Getränketipps 64
Gnocchi
   Gefüllte Schnitzel 39
   Kasseler 44
   Süße Gnocchi mit Orangen-Erdbeeren 55
Gouda: Gefüllte Schnitzel 39
Grießbrei mit Apfel und Rumrosinen (Variante) 56
Grießbrei mit Zimtzucker 56
Grüner Reissalat 6
Gurken
   Fischstäbchen-Burger 31
   Lammkoteletts mit Salsa 40

H

Hackfleisch
   Brotsalat mit Hacksteak 42
   Tomatensauce mit Hackfleisch 22
Hähnchenfleisch: Nudelsuppe 24
Hähnchenleber: Spinatsalat mit Leber 41
Halloumi: Baguette mit Bratkäse 11

K

Käseomelett mit Champignons (Variante) 14
Käsesauce 20
Kasseler mit Sahnebohnen und Gnocchi 44
Kirschen: Arme Ritter mit Kirschkompott 58
Knoblauchgarnelen 36
Knödelpfanne mit Spitzkohl und Leberkäse 52
Kokosgrieß mit Aprikosen (Variante) 56
Kresse: Rinderfilettoast 40

L

Lammkoteletts mit Salsa 40
Lauch: Würstchen-Gulasch 49
Leberkäse: Knödelpfanne 52
Linsen
   Spaghetti mit roten Linsen 26
   Tipp 26

M/N

Mandeln: Steak mit Mandel-Gremolata 46
Mango: Cranberry-Couscous 59
Marsala-Sahne-Sauce (Variante) 50
Milchreis mit Backobst 59
Minutensteaks in Paprikasauce zu Polenta 45
Möhren
   Bratwürste mit Senfsauce 42
   Gebratene Tofunudeln 26
   Möhren-Tomaten-Suppe 17
Mozzarella
   Spargelsalat 12
   Salami-Toast-Pizza 41
Nudelsuppe mit Hähnchen und Eierflocken 24

REGISTER

O/P

Obstquark mit Knuspermüsli 6
Omelett mit Rucola und Parmesan 14
Orangen
    Orangen-Wein-Sauce mit Safran 32
    Süße Gnocchi mit Orangen-Erdbeeren 55
Orientalischer Spinat 16
Panieren (Tipp) 36
Paprikaschoten
    Bohnensuppe 17
    Gemüse in Erdnuss-Kokos-Sauce 10
    Gemüsepfanne mit Couscous 9
    Paprikasauce 45
Parmesan: Omelett mit Rucola und Parmesan 14
Pesto-Salami-Sandwich 6
Pfifferlinge: Tortelli mit Pilzsauce 25
Polenta: Minutensteaks 45
Prinzessbohnen
    Bohnensalat mit Flusskrebsen 30
    Kasseler 44
Putenfleisch
    Chili con Pute 48
    Currypute mit Äpfeln und Reis 52
    Gefüllte Schnitzel 39

R

Reis
    Bratwürste mit Senfsauce 42
    Currypute mit Äpfeln und Reis 52
    Gemüse in Erdnuss-Kokos-Sauce 10
    Grüner Reissalat 6
Reisflocken
    Fischeintopf mit Reis 35
    Milchreis mit Backobst 59
    Möhren-Tomaten-Suppe 17
Rindfleisch
    Rinderfilettoast 40
    Steak mit Mandel-Gremolata 46
Rucola
    Knoblauchgarnelen 36
    Omelett mit Rucola 14
    Rucolanudeln 19

S

Salami
    Pesto-Salami-Sandwich 6
    Salami-Toast-Pizza 41
Sandwich
    Pesto-Salami-Sandwich 6
    Thunfisch-Sandwich 31
Sauerkraut: Würstchen-Gulasch 49
Schafkäse: Gemüsepfanne 9
Schinken
    Gefüllte Schnitzel 39
    Schinkennudeln 20
Schmortomaten 11
Schnitzel mit Marsala-Sahne-Sauce (Variante) 50
Schnitzel mit Speck und Salbei (Variante) 50
Schnitzel mit Zitronensauce 50
Schokoladengrieß (Variante) 56
Schweinefleisch
    Minutensteaks 45
    Schweinefilet »Stroganoff« 49
Senfsauce (Variante) 32
Spaghetti
    Knoblauchgarnelen 36
    Rucolanudeln mit Chilibröseln 19
    Spaghetti mit roten Linsen 26
Spargelsalat 12
Spätzle
    Schweinefilet »Stroganoff« 49
    Spätzlesalat 25
Spinat
    Orientalischer Spinat 16
    Spinatsalat mit Leber 41
Spitzkohl: Knödelpfanne 52
Steak mit Mandel-Gremolata in Weinsauce 46
Süße Gnocchi mit Orangen-Erdbeeren 55

T

Thunfisch
    Gebratener Thunfisch 34
    Thunfisch-Sandwich 31
Toast
    Rinderfilettoast 40
    Salami-Toast-Pizza 41

Tofu: Gebratene Tofunudeln 26
Tomaten
    Bohnensalat mit Flusskrebsen 30
    Brotsalat mit Hacksteak 42
    Fischeintopf mit Reis 35
    Fischstäbchen-Burger 31
    Knoblauchgarnelen 36
    Möhren-Tomaten-Suppe 17
    Omelett mit Rucola und Parmesan 14
    Rucolanudeln mit Chilibröseln 19
    Schmortomaten 11
    Spaghetti mit roten Linsen 26
    Spinatsalat mit Leber 41
    Steak mit Mandel-Gremolata in Weinsauce 46
Tomatensauce mit Hackfleisch 22
Tomatensauce mit Oliven, Speck und Kapern (Variante) 22
Tomatensauce mit Pilzen und Rosmarin (Variante) 22
Tomatensauce Tex-Mex (Variante) 22
Tortelli mit Pilzsauce 25
Trockenobst: Orientalischer Spinat 16

V/W

Veggi-Burger 6
Weizennudeln
    Gebratene Tofunudeln 26
    Gebratener Thunfisch 34
Wurst
    Asiatischer Wurstsalat 46
    Würstchen-Gulasch 49

Z

Zitronensauce 50
Zucchini
    Baguette mit Bratkäse 11
    Fisch im Speckmantel 29
    Gemüsepfanne mit Couscous 9
    Gemüsesalat mit Ei 12
    Fischeintopf mit Reis 35
Zuckerschoten
    Asiatischer Wurstsalat 46
    Gemüse in Erdnuss-Kokos-Sauce 10

IMPRESSUM

Unsere Garantie

Alle Informationen in diesem Ratgeber sind sorgfältig und gewissenhaft geprüft. Sollte dennoch einmal ein Fehler enthalten sein, schicken Sie uns das Buch mit dem entsprechenden Hinweis an unseren Leserservice zurück. Wir tauschen Ihnen den GU-Ratgeber gegen einen anderen zum gleichen oder ähnlichen Thema um.

Liebe Leserin und lieber Leser,

wir freuen uns, dass Sie sich für ein GU-Buch entschieden haben. Mit Ihrem Kauf setzen Sie auf die Qualität, Kompetenz und Aktualität unserer Ratgeber. Dafür sagen wir Danke! Wir wollen als führender Ratgeberverlag noch besser werden. Daher ist uns Ihre Meinung wichtig. Bitte senden Sie uns Ihre Anregungen, Ihre Kritik oder Ihr Lob zu unseren Büchern. Haben Sie Fragen oder benötigen Sie weiteren Rat zum Thema? Wir freuen uns auf Ihre Nachricht!

Wir sind für Sie da!
Montag – Donnerstag: 8.00 – 18.00 Uhr;
Freitag: 8.00 – 16.00 Uhr *(0,14 €/Min. aus dem dt. Festnetz/Mobilfunkpreise)
Tel.: 0180-5 00 50 54*
Fax: 0180-5 01 20 54* maximal 0,42 €/Min.)
E-Mail:
leserservice@graefe-und-unzer.de

P.S.: Wollen Sie noch mehr Aktuelles von GU wissen, dann abonnieren Sie doch unseren kostenlosen GU-Online-Newsletter und/oder unsere kostenlosen Kundenmagazine.

GRÄFE UND UNZER VERLAG
Leserservice
Postfach 86 03 13
81630 München

© 2009
GRÄFE UND UNZER VERLAG GmbH, München

Alle Rechte vorbehalten. Nachdruck, auch auszugsweise, sowie die Verbreitung durch Film, Funk, Fernsehen und Internet, durch fotomechanische Wiedergabe, Tonträger und Datenverarbeitungssysteme jeglicher Art nur mit schriftlicher Genehmigung des Verlages.

Projektleitung: Monika Greiner
Lektorat: Adelheid Schmidt-Thomé
Layout, Typografie und Umschlaggestaltung: independent Medien-Design, Horst Moser, München
Satz: Liebl Satz+Grafik, Emmering
Herstellung: Claudia Labahn
Reproduktion: Repro Ludwig, Zell am See
Druck: Firmengruppe APPL, aprinta druck, Wemding
Bindung: Firmengruppe APPL, sellier druck, Freising

ISBN 978-3-8338-1633-8

3. Auflage 2011

Die Autorin

Ira König hat lange für namhafte Food-Zeitschriften gearbeitet und schon einige Kochbücher veröffentlicht. Sorgfältig entwickelte Rezepte, die sich in jeder Küche einfach umsetzen lassen, liegen ihr besonders am Herzen.

Die Fotografin

Maike Jessen ist als selbstständige Fotografin in Hamburg tätig. Neben ihrem Schwerpunkt, der Foodfotografie, arbeitet sie auch im Stillife- und Peoplebereich für Zeitschriften, Buchverlage und Werbeagenturen. Bei der Fotoproduktion für dieses Buch haben mitgewirkt: die Foodstylistin Nicole Müller-Reymann und die Stylistin Krisztina Zombori.

Bildnachweis

Titelfoto: Jörn Rynio, Hamburg; alle anderen: Maike Jessen, Hamburg

Syndication:
www.jalag-syndication.de

Titelbildrezept

Steak mit Mandel-Gremolata von Seite 46

Ein Unternehmen der
GANSKE VERLAGSGRUPPE